Martin Malirsch

POLARISIERUNGSTENDENZEN
in
EMOTIONALISIERTEN GESELLSCHAFTEN

Erodierende Mitte – erstarkende Ränder

WIR

IHR

Martin Malirsch

POLARISIERUNGS-TENDENZEN in EMOTIONALISIERTEN GESELLSCHAFTEN

Erodierende Mitte – erstarkende Ränder

WIR
IHR

Für JUSTUS PEPE

Bibliografische Information der Deutschen Nationalbibliothek:
Die Deutsche Nationalbibliothek verzeichnet diese Publikation in der Deutschen Nationalbibliografie; detaillierte bibliografische Daten sind im Internet über http://portal.dnb.de abrufbar.

Aus Gründen der leichteren Lesbarkeit wird im vorliegenden Text die gewohnte männliche Sprachform bei personenbezogenen Substantiven und Pronomen verwendet. Dies impliziert jedoch keine Benachteiligung des weiblichen oder diversen Geschlechts, sondern soll im Sinne der sprachlichen Vereinfachung als geschlechtsneutral zu verstehen sein.

ISBN 978-3-96103-539-7

Umschlagillustration: Martin Malirsch

www.rediroma-verlag.de
7,95 Euro (D)

Autor

Martin Malirsch, Jahrgang 1944, ab 1967 Lehrtätigkeit Kunst/Visuelle Kommunikation, Gesellschaftslehre. Ausbildung von Lehrkräften im Referendariat, Ausbildung und Betreuung von Lehramtsstudierenden in Schulpraktischen Studien bis 2016

Bisherige Veröffentlichungen im Rediroma-Verlag

- RESSOURCENQUELLE GEHIRN Wirkmächtige Beeinflussung des Bewusstseins EIN MEGAMARKT, 2018
- SOCIETY 5.0 Die ultrasmarte Gesellschaft Der Geist aus der Flasche, 2017
- Europäisches Projekt im Dilemmamodus | Verwerfungen durch Vielfachkrisen, 2016
- Digitale Netzwerkgesellschaft | Realutopische Szenarien zur Zukunftsfähigkeit, 2015
- Hegemoniale Weltumordnung | Globalisierungsinduzierte Erosionen, 2014
- Big Data | Büchse der Pandora, 2013
- Wertebildungsprozesse in der Marktgesellschaft, 2013
- Kerngeschäft Unterricht | Akzentuierte Bestandsaufnahme der Paradigmenwechsel, 2013

„Manche sprechen gar von einem Riss, der durch unsere Gesellschaft geht. Viele Bürger machten sich Sorgen über den Zusammenhalt in Deutschland: Der Erfolg und die Zuversicht auf der einen, aber auch die Ängste und die Zweifel auf der anderen Seite - beides sind Realitäten in unserem Land"

Angela Merkel, Neujahr 2018

INHALT

0. PROBLEMSICHT **10**

1. AUFBEGEHREN **17**

2. ZEITENWENDE **26**

3. ENTFREMDUNG: POLITIK-BEVÖLKERUNG **34**

4. POPULISMUS: LINKS-MITTE-RECHTS **45**

5. ISLAMISIERUNG **56**

6. WIR-IHR **64**

7. UMBRUCH DER PARTEIENLANDSCHAFT **71**

8. STREITPOTENZIALE und NEUPOSITIONIERUNG **82**

9. VERTRAUENSVERLUST **90**

10. GESAMTSICHT **97**

11. FAZIT **105**

12. QUELLEN **115**

„Das Feld des Politischen, eigentlich gekennzeichnet von Aushandlung und Annäherung, ist mehr denn je von Rechthaberei dominiert. Man müsse die Emotionen aus der Debatte nehmen“
Leander Steinkopf

0. PROBLEMSICHT

Mit der Globalisierung und der Entwicklung der neuen Kommunikationstechnologien hat die Vernetzungsdichte in und zwischen allen Systemen drastisch zugenommen. Es ist eine Welt entstanden, in der Volatilität, Unsicherheit, Komplexität und Ambiguität den Entscheidungsträgern in Wirtschaft, Gesellschaft und Politik traditionelle Gestaltungsmöglichkeiten begrenzen und erschweren. So dominieren vereinfacht zwei gegensätzliche Werteorientierungen: gesellschaftliche Solidarität, Verteilungsgerechtigkeit und gegenseitige Wertschätzung in einer starken Gemeinschaftshinwendung gegen individuelle Leistungsstärke, Wettbewerbsfähigkeit und persönlicher Erfolg, als Ausdruck des Stärkens des Individuums.

Die Wahrscheinlichkeit und Gefahr nimmt zu, dass sich gesellschaftliche Gruppen, in Gegenpositionen - auch in extremen Sichtweisen- verfestigen.

Die Identifikation mit Werten der Mitte verliert zunehmend an Kraft und Bedeutung, eine gesellschaftsreal themenbezogene Orientierung an die „Ränder" gewinnt Anhänger. Eine gefährliche Emotionalisierung gesellschaftlicher Belange kann über konfrontative Wir/Ihr-Konstruktionen zu einem Auseinanderdriften der Gemeinschaft führen und/oder zum Ruf nach autoritärer Führung. Anstehende Grundfragen wie Wert der Arbeit und Wertschätzung, Bildungsmöglichkeit, Verteilungsgerechtigkeit, Solidarität, Gemeinwohl etc. sind nur unter breiter Beteiligung der Menschen im uneingeschränkten, toleranten Diskurs realisierbar.

Die Volksparteien müssen eine neue politische Mitte organisieren, denn neue populistische Parteien in Europa sind nicht nur Protestparteien. Massive Stimmenverluste der etablierten Großparteien weisen auf eine strukturelle Veränderung der politischen Landschaft hin und sorgen für Auswirkungen auf Parteien, Demokratien und Zivilgesellschaft. Alte linke und linksradikale Parteien und die bürgerliche konservative Mitte verlieren massenhaft Wähler an so genannte Rechtspopulisten. Über die ökonomischen Überzeugungen hinaus geht es um Identität hinsichtlich Grenzöffnungen und -schließungen, Märkten, Gesellschaften, Ethnien oder Religionsgemeinschaften. Die neue Konfliktlinie verläuft quer durch alle etablierten Parteien. Diese müssen sich dafür politisch neu ausrichten und positionieren, neue Wählergruppe der Mitte binden und gleichzeitig Stammwähler halten, aus einer Bedrohung die neue Chance sehen.

„Dass die Politik diese Entwicklung im Griff hat, glauben immer weniger Menschen: Kontrollverlust in der Zuwanderungsfrage, Staatsversagen in der Vollstreckung von Abschiebungen, kein Rezept gegen kriminelle Familienclans sowie ein dramatischer Autoritätsverlust des Staates". Es bedürfe erheblicher zusätzlicher Anstrengungen, um die Spaltung und Zersetzung der Gesellschaft wieder in den Griff zu bekommen, die Gefahr von Terroranschlägen, Gewaltkriminalität und aggressiven politischen Auseinandersetzungen hierzulande bleibe anhaltend hoch, so der Bundesvorsitzende der Deutschen Polizeigewerkschaft Rainer Wendt.[1]

„Wir müssen endlich Zukunftsentwürfe anbieten", so der CSU-Spitzenkandidat für die Europawahl, Manfred Weber! Darauf aber warten die Menschen in Europa: Die Mehrheit vermisst programmatische Substanz und Zukunftsvisionen und sieht die Kräfte der politischen Mitte bislang noch in der Defensive. Erwartet wird eine neue Politik der Mitte mit konsensfähigen politischen Perspektiven, welche die europäischen Demokratien stabilisieren.

Ende Mai 2019 wird das Europaparlament neu gewählt. Von seinen 705 Sitzen könnten 100 bis 150 auf die Rechtspopulisten entfallen.

[1] dpa 29. Dezember 2018

Neben Marine Le Pens Front National (heute: Rassemblement National) bisher einzige politisch chancenreiche rechtsextreme Partei, regieren mittlerweile nationalistisch-populistische Politiker in Ungarn, Polen. Rumänien und Salvini in Italien. Vor allem im Osten wächst in Deutschland die Alternative für Deutschland (AfD) zu einem Machtfaktor heran.
Auch der europäische Hoffnungsträger, Frankreichs Präsident Emmanuel Macron, hat seine Bürger enttäuscht, seine Autorität, die Massen auf den Pro-EU-Kurs einzuschwören, schwindet.

Mit „Volt" wird zum ersten Mal in Europa eine Partei mit einem gemeinsamen, länderübergreifenden Programm zur Europawahl im Mai 2019 antreten, in der Amsterdam-Deklaration wird festgelegt: EU-Reform durch „ Schaffung einer starken politischen Union", „ Stärkung der Bürgerbeteiligung" und „Mehr Sicherheit und Transparenz".
Volt glaubt, dass die Menschen für grundlegenden Wandel in Europa bereit seien. Der gegenwärtige politische Stillstand verberge nur, dass nationale Eliten ihre Macht nicht aufgeben wollen. Es wäre eine unmittelbare, greifbare Bedrohung für die Wiederwahl all jener politischer Kräfte, die am Status Quo in Europa festhalten - nur diesmal würde die Bedrohung nicht von Nationalisten

ausgehen, sondern von Europäerinnen und Europäern; so könne durch die Förderung der Bürgerbeteiligung die Demokratie gestärkt werden. [2]

Bei der Europawahl wollen die „Gelbwesten" mit eigener Liste, angeführt von Ingrid Levavasseuer, antreten. Die seit November 2018 bestehende soziale Bewegung unterstreiche die Notwendigkeit, Wut in ein menschliches Projekt zu verwandeln, so Levavasseuer, 23.01.2019.

Zwischen Europäern und Anti-Europäern findet Polarisation innerhalb der EU statt. Rechte Nationalisten wollen eine nach außen wie innen autoritär formierte Festung Europa errichten, konservative Kräfte wollen den Status quo bewahren, also die massive Ungleichheit weiter zementieren, liberale Reformer neue demokratische, gesamteuropäische Institutionen etablieren und die Linke

---

[2] „Volt ist eine paneuropäische, progressive Bewegung, die für neue, integrative Politik und einen positiven Wandel in Europa steht. Wir brauchen eine solche Bewegung, um Herausforderungen wie den Klimawandel, wirtschaftliche Ungleichheit, Einwanderung, internationale Konflikte, Terrorismus und den Einfluss der technologischen Revolution als Europäer gemeinsam meistern zu können. Nationale Parteien allein können diese Herausforderungen nicht bewältigen.", https://www.voltdeutschland.org/uebervolt

kämpft für verschiedene Varianten eines europäischen Sozialmodells.

Der öffentliche Diskurs, die demokratische Kultur in der EU - bisher Garant für der Frieden und Wohlstand Europas- verroht zusehends durch rechte und linke Randale in und zwischen den Ländern.
Mit Invektiven gegen die politischen Ränder oder gegen andere Mitgliedsstaaten sich zu behaupten, wird als Lösung von Konflikten kein Erfolg haben, sondern eher Fronten bilden und Standpunke verhärten, polarisieren und gar radikalisieren.

„Es ist genau diese Art von kultureller Arroganz und sozialer Selbsterhebung, gegen die sich ein Großteil der Wut richtet. Existentielle, materielle Probleme von Angehörigen der Unterschichten werden nicht mehr ausreichend thematisiert.“ (Michael Zürn, Sozialwissenschaftler

1. AUFBEGEHREN

Die internationale Politik wird derzeit weniger vom Miteinander als mehr vom Gegeneinander geprägt, verstärkt durch politisch motivierte Bewegungen und populistische Politiker oder selbsternannte Wortführer.
Multilateralen Foren zu Themen wie Klima und Handel drohen Bedeutungsverlust, wenn nicht gemeinsame Werte in internationalen Treffen verteidigt und fortgeschrieben werden im Sinn von Multilateralismus und Kooperation.
Sozial motivierte Bewegungen aus der Gesellschaft machen zusehends im Blick auf grassierende Armut auf sich aufmerksam, so beispielsweise auf dem G20-Gipfel, 2018 in Argentinien oder die „Gelbwesten" („Gilets jaunes“) Dezember 2018 in Frankreich mit brennenden Barrikaden, Ausschreitungen und Straßenblockaden; einer Umfrage zufolge unterstützen 84 Prozent der Bürger die Protestbewegung gegen die Politik von Präsident Emmanuel Macron, die ihnen zu wirtschaftsfreundlich sei und die Unternehmen beschenke, die Renten hingegen aufgrund höherer Sozialabgaben kürze (Unternehmenssteuern deutlich gesenkt und die Vermögenssteuer weitgehend abgeschafft). Mit der Befreiung der Überstunden von allen Steuern und Abgaben hat Macron die Arbeit verbilligt – und zugleich die Arbeitslosen

verprellt: Überstunden sind nun für Arbeitgeber attraktiver als Neueinstellungen. „Wir wollen endlich wieder leben, statt nur noch zu überleben“, so die Klagen der Demonstranten.

Die begründete Angst vor sozialem Abstieg in Verbindung mit der Wut auf den als abgehoben empfundenen Präsidenten Emmanuel Macron gipfelt bei Demonstrationen stets mit dem Skandieren „Marcon démission“. Es erinnert an die Pegida Demonstrationen „Merkel muss weg", obwohl hier die Migrationspolitik über den empfundenen sozialen Ungleichheiten und fehlenden Wertschätzungen im Vordergrund steht.

"Wir haben brennende Barrikaden in Paris erlebt, tiefe politische Gräben in den USA, Sorgen in Großbritannien vor dem Brexit, Zerreißproben für Europa in Ungarn, Italien und anderswo." Auch Deutschland sei "natürlich nicht geschützt gegen solche Entwicklungen", warnte der Bundespräsident Frank-Walter Steinmeier 2018 in seiner Weihnachtsansprache.

Protestbewegungen dieser Art haben zunächst keinen „Anführer“, weder gewerkschaftliche noch parteipolitische Steuerungen. Sie werden von Aktivisten über Videos und Aufrufe über soziale Netzwerke organisiert und auf Facebook und Twitter lawinenartig verbreitet. Der Einheitslook

mit den auffallend gelben Westen stiftet eine Identität: „Wir wollen wahrgenommen werden“.
Sahra Wagenknecht, Vorsitzende der Linken im Bundestag, hat die Bewegung anfänglich (vor den nachfolgenden Ausschreitungen) als Vorbild bezeichnet. "Ich finde es richtig, wenn Menschen sich wehren und protestieren, wenn die Politik ihr Leben verschlechtert – die Benzinpreiserhöhungen sind gerade für Pendler existenziell"[3]
Den sozialen Forderungen von mehrheitlich sozial schwachen und abgehängten Gesellschaftsschichten schließen sich sowohl rechte als auch linke Kräfte und auch „Randalierer“ aus dem rechts-und linksextremen Spektrum an; sie versuchen sich an die Spitze der Bewegung zu setzen, um ihren ideologischen Einfluss im Sinn ihrer Identitätspolitik Geltung zu verschaffen. Ressentiments gegen andere gehen einher mit dem Verlust an Stabilität, Sicherheit, Identität und Würde und verursachen eine diffuse Mischung aus Neid, Demütigung und Ohnmacht. Dies verändert das soziale und kulturelle Verhältnis zwischen Minderheiten und Gesamtgesellschaft, weil trotz formaler Gleichheit massive Unterschiede in Macht, Bildung, sozialem Status und Vermögen erlebt werden. Reaktionäre identitäre Bewegungen machen die Migrationspolitik dafür verantwortlich und verschärfen die wachsende Feindseligkeit

[3] Exkurs Seite 23

gegenüber Einwanderung, Diversität und Multikulturalismus.

Teile der Mitte der Gesellschaft haben sich radikalisiert, sind gewaltbereit und äußern unverhohlen rechtsextreme Meinungen, so das Ergebnis der aktuellen „Mitte-Studie" der Friedrich-Ebert-Stiftung 2016. [4] Hass, Abschottung und Gewalt stehen Solidarität und zivilgesellschaftlichem Engagement für die Integration von Geflüchteten und Asylsuchenden gegenüber. Die Studie belegt die vielfach bereits diskutierte Polarisierung und auch Radikalisierung, Gewaltbilligung und –bereitschaft, rechtspopulistische Einstellungen, die Akzeptanz oder Zurückweisung kultureller Vielfalt sowie das Ausmaß von Demokratiemisstrauen. Nationalistische Propagandisten und Populisten wie der italienische Innenminister Matteo Salvini attackieren: "Emmanuel Macron ist ein fürchterlicher Präsident!" und Luigi Di Maio, stellvertretende Ministerpräsident Italiens, nach einem Treffen mit Vertretern der „Gelbwesten" zum Gespräch über eine mögliche Zusammenarbeit mit seiner Fünf-Sterne-Bewegung im Europawahlkampf: „Der Wind des Wandels hat die Alpen

---

[4] Andreas Zick / Beate Küpper / Daniela Krause, GESPALTENE MITTE – FEINDSELIGE ZUSTÄNDE Rechtextreme Einstellungen in Deutschland 2016, Herausgegeben für die Friedrich-Ebert-Stiftung von Ralf Melzer

überquert! Wir haben ein Fanal der Wahrheit entfacht.“ Sie provozieren Frankreich mit harten verbalen Attacken vor der Europawahl.
Henrik Enderlein, Direktor der deutsch-französischen Denkfabrik Jacques-Delors in Berlin spricht von einer "schleichenden Entfremdung" zwischen Frankreichs Präsident Emmanuel und Kanzlerin Angela Merkel, trotz des erst am 22.1.2019 im Aachener Krönungssaal feierlich unterzeichneten Freundschaftsvertrags, Fortschreibung des Elysée-Vertrag von 1963, in dem beide Partner unter anderem versprachen, sich künftig vor wichtigen europäischen Entscheidungen abzusprechen. Doch die deutsch-französischen Verwerfungen u.a. die deutsche Absage umfassender Reformen der Eurozone und die umstrittenen Gaspipeline Nord Stream 2 durch die Ostsee machen die Symbolpolitik deutlich. Macron kündigte an, sich bei der wichtigen EU-Abstimmung (aus sicherheitspolitischen Bedenken) gegen Deutschland zu stellen, das trifft die Deutschen unerwartet.
Europa zeigt sich zerstritten.
Die EU erscheint in Lager gespalten, unversöhnliche Gegenpole scheinen sich gegenüber zu stehen: Progressive gegen Populisten. Föderalisten gegen Nationalisten, Rechte gegen die identitätslose, liberale Elite, Rechte verteidigen Christentum und Linke gegen „Marktterrorismus“ und

Brüsseler Bürokratie und die Mitte verteidigt den Machtproporz und vergisst die Alltagssorgen der Bürger.

„Wir können uns keine Polarisierung leisten, weil wir, heute mehr als je zuvor, einen Sinn für Solidarität brauchen. Die Menschen, die am meisten leiden, müssen auf dieses soziale Kapital – ein akkumuliertes soziales Kapital – aus gegenseitiger Achtung zurückgreifen können“ [5] In fast allen Staaten Europas ist das Parteiensystem im Umbruch. Das zeigt sich am Auflösen alter Parteibindungen, dem Wachsen des Anteils der Wechselwähler, dem Entstehen neuer politischer Bewegungen: Bewährte, alt gewordene Volksparteien der linken und rechten Mitte sind vom jahrzehntelangen Regieren stark geschwächt. Aufbegehren gegen die soziale Ungleichheit und Arroganz der Macht zeigten eine „stille völkische Revolution“ an, die ganz Europa erfasst habe. Der Vergleich zwischen den „Wutbürgern in Gelb“[6] und den Pro-Brexit Wählern werde zunehmend thema-

---

[5] Paul Collier, Migrationsforscher „Die Menschen streiten über die falschen Dinge!“ vgl. https://www.ipg-journal.de/rubriken/europaeische-integration/artikel/die-menschen-streiten-ueber-die-falschen-dinge-2898/

[6] Vgl. Michaele Wiegel, „Wutbürger in Gelb“, in: FAS, 18. Dezember 2018, Nr. 30, S. 10

tisiert im Blick auf „kulturelle, ja beinahe zivilisatorische Existenzängste“

EXKURS

Die Stimmung in der Autonation Deutschland ist aufgeheizt. Konkrete Sachthemen im Diskurs berühren zwar Kernbereiche des Zusammenlebens, doch werden sie fast schon zu ideologischen Grundsatzfragen hochstilisiert, gar zum „Kulturkampf ums Auto“ erhoben (Der Spiegel, Nr.5/26.1.2019) Ein Großteil der Besitzer von Dieselautos sind verunsichert und wütend: Fahrverbot in Städten droht, Unmut ratloser Bürgermeister der betroffenen Städte wächst, Millionen Pendler, Kleinunternehmer und vom Auto existenzabhängige Industriearbeiter, steigende Spritpreise, Tempolimit, widersprüchliche Angaben zu Schadstoffbelastung (giftige Stickoxide), Schadstoffgrenzwerten der Luft und Auswirkung auf die Gesundheit usw. verschärfen die angespannte Stimmung um den gegenwärtigen emotionalisierten Diskurs um Klimawende und damit verbundenen Verkehrswende. IG Metall Chef Jörg Hofmann, spricht vom „ Zündeln mit dem gesellschaftlichen Frieden“, die schwarz-rote Koalition ist verschreckt, sie befürchtet eine neue Protestbewegung zorniger Bürger, vergleichbar mit Protestbewegung der „Gelben Westen“.

So kritisiert der Geschäftsführer der Deutschen Umwelthilfe (DUH), Jürgen Resch, Bundesverkehrsminister Andreas Scheuer (CSU scharf: Er agiere nicht als Verkehrsminister, sondern wie der offizielle Vertreter der Automobilindustrie im Bundeskabinett, der sich weder um die saubere Luft noch um eine wirksame Verkehrswende kümmere, die Partei CDU nennt er deshalb neuerdings „Christliche-Diesel-Union“.

Betriebsratschef von Porsche Uwe Hück warnt: „Wenn die Politik nicht mit uns redet, dann müssen wir eben auf die Straße gehen“.

„Ein Teil fühlte sich nicht mehr wahrgenommen. Wer nicht wahrgenommen wird, ist ein Nichts. Dieser Aufstand wird Spuren in der Gesellschaft hinterlassen“,
Wilhelm Heitmeyer zu „Gilets jaunes“

2. ZEITENWENDE

Der Rückzug der Vereinigten Staaten von der „Pax Americana" nach drei Kriegen im Nahen Osten ab etwa 1990, die immense Kosten verursachten und ihr Anspruch, ihre Werte global durchzusetzen, scheiterte weitgehend. Die bis dahin globale Hegemonialmacht mit den von ihnen festgelegten einflussnehmenden Regeln hinsichtlich stabiler Welt-und Wirtschaftsordnung verlor an Bindungskräfte. Die konkurrierenden Mächte verfolgten nun vor allem eigene Interessen.

Das nutzte insbesondere China zum Aufstieg zur führenden Wirtschaftsmacht, und die Auflösung der amerikanischen Weltordnung erfasste die aus ihr abgeleitete Ordnung in Europa. Eine Rückkehr zur nationalen Interessenspolitik war die Folge: Brexit, Italien, Polen, Ungarn, Frankreich, Belgien, Spanien u.a. [7]

So verfolgt derzeit die staatliche Politik von Donald Trump („Make America great again") ebenso wie die von Staatschef Xi Jinping ein weltweit durchzusetzendes autoritäres Wirtschafts- und Gesellschaftsmodell mit weitreichenden Folgen.

.

Der Aufstieg nationalistischer und antiliberaler Parteien zeigen eine tiefgreifende Krise der EU an: Die Verrohung des öffentlichen Diskurses,

---

[7] siehe ANHANG S.111

wachsendes Misstrauen gegenüber etablierten Medien, Verbreitung fremdenfeindlicher Einstellungen, Verunglimpfung von Politikern, aggressive Propaganda, Publikation kruder Verschwörungstheorien usw.
Leicht zu verifizierende Tatsachen werden bestritten und mit „alternativen Fakten" begegnet. Eine politische Strategie beginnt sich zu entwickeln, hin zur „postfaktischen Demokratie“: Verlust von Tatsachen, deren Belege verlieren ihre Autorität, man macht sich nicht mehr die Mühe, Lügen zu verstecken oder Widersprüche zu überprüfen. Lügennachweise erfahren keinerlei ernsthafte Konsequenzen, es scheint nur noch zweitrangig zu sein, sich im Einklang mit den Tatsachen zu bewegen. Das Postfaktische wird stark durch digitale Medien verbreitet und gefördert. So genannte Fake News erhalten dem Umfang nach vergleichbar stärkere Aufmerksamkeit als überprüfbare Tatsacheninformationen.
Das Vertrauen in die Politiker ist an einem Tiefpunkt angelangt, das Vertrauen in althergebrachte Institutionen erscheint erschüttert, die repräsentative Politik steckt in einer Krise. Die neuen digitalen und vernetzten Medien machen es im Internet möglich, schnell und umfangreich Medieninhalte und Informationen auf Onlineplattformen und in sozialen Medien zu veröffentlichen, zugänglich für jeden Einzelnen und damit selbst Knoten-

punkt der vernetzten Öffentlichkeit mit Möglichkeit eigener Meinungsäußerung. Die Medienlandschaft hat sich damit dramatisch verändert.

Traditionelle Medienanstalten verlieren ihr Monopol der Informationsverbreitung mit dem entsprechenden Fachwissen, dies wird zunächst als Demokratisierung der Medien gepriesen.

Allerdings erhalten große Vertriebskanäle und Onlineplattformen den überwiegenden Anteil an Aufmerksamkeit und bestimmen die Agenda. User, politische Akteure und Bürgerinnen und Bürger, erfahren keine Kontrolle im Blick auf Wahrheitsgehalt und Überprüfbarkeit von Ereignisberichten, Fake News erscheinen als gleichwertig. Die überwältigende Menge an verfügbaren Informationen durch Datenzugänge stellt eine Überforderung der User dar, sowohl hinsichtlich Zeit als auch im Blick auf kognitive Leistungsvermögen hinsichtlich der Informationsselektion.

Die Medien könnten der Versuchung nicht widerstehen, unseren Instinkt der Angst zu befeuern. Die größten Schlagzeilen seien oft die, die mehr als eine Art von Angst auslösten, so Hans Rosling.[8]

---

[8] Hans Rosling, in „Factfulness: Wie wir lernen, die Welt so zu sehen, wie sie wirklich ist", Ullstein eBooks, April 2018

Mit Blick auf den Euro und die Rettungsschirme und angesichts des Flüchtlingszuzugs nach Deutschland verbunden mit der Frage nach nationaler und europäischer Solidarität, entfalten sich politische Kräfte an linken und rechten Rändern.

Die Emotionalisierung des Politischen bestimmt zunehmend Gefühlslage und öffentliche Stimmung, spürbar werden Wut, Hass und Ressentiments im öffentlichen Raum erlebt: Ein Nährboden für Demagogen und Populisten. Zwei unvereinbare, gegensätzliche Haltungen scheinen sich gegenüber zu stehen.

Diejenigen, die zwar ihren Ärger und ihre Ängste herauslassen, aber doch eine Diskussion darüber vermeiden, gar ablehnen. Auf der anderen Seite diejenigen, die sich dem rationalen Diskurs stellen und sowohl mit Gleichgesinnten als auch Andersdenkenden reden, die sich auch auf diese Ebene einlassen wollen oder können. Insbesondere politisieren sich Bürger, die vorher zur schweigenden Mehrheit zählten, sich selten an Wahlen bisher beteiligten und sich als Verlierer des politischen Systems empfinden. Das politische System erfährt eine Verschiebung, von der Parteien- zur Mediendemokratie, Mediokratie.

Zunehmend wird die Politik von den Medien inszeniert: Maximierung von Emotionen und Erregungen. Grundlegende Stilmittel der Medienberichterstattung sind Personalisierung (Person an

Stelle des politischen Programms), Emotionalisierung und Dramatisierung. So werden politische Auseinandersetzungen emotionalisiert. Gefühle wie Hass, Neid, Eifersucht, ebenso Mitleid sind geeignet, das Interesse der Bürger zu erwecken. Die Emotionen steigern sich bei Auseinandersetzung starker Kontrahenten.

Wissenschaftler weisen auf die Gefahren der Entsachlichung und Vereinfachung und Ausverkauf der Politik an den Markt durch Medien hin und sehen darin eine Gefährdung der Demokratie. Der Rationalitätsverlust des öffentlichen Diskurses sei eine der tief greifenden gesellschaftlichen Veränderungen der Gegenwart. Emotional-undemokratisch gesteuerte Dynamiken wie Neid, Wut, Hass, autoritäre Machtausübung, beleidigter Rückzug, Geltungssucht, Rivalität, Kooperationsweigerung, Seilschaften verweisen auf zunehmende Demokratiefeindlichkeit.[9]

Emotionen, Eskalationen, Provokationen, Polarisierung, Radikalisierung, gegenseitige Schuldzuweisungen, Hysterie statt Politikgestaltung, mobilisieren antidemokratische Bewegungen und Wähler, sie stärken die Ränder, schwächen die Mitte.

---

9 Vgl. Farah Dustdar, Demokratie und die Macht der Gefühle, in: Aus Politik und Zeitgeschichte (APuZ 44-45/2008): Hirnforschung

Individueller oder gesellschaftlicher Kontrollverlust eröffnet die Bereitschaft nach Ordnung und autoritärer Führung, und die Nachfrage nach politischen Angeboten wächst mit dem Ziel, die Kontrolle wiederherzustellen – und zwar durch Ausübung von Macht und Herrschaft sowie über Ausgrenzung und Diskriminierung.
Das Ziel ist, ein autoritäres Gesellschaftssystem zu etablieren mit festen Hierarchien und rigiden Ordnungsvorstellungen. Die Wiederherstellung von Kontrolle lautet das Versprechen, geleitet von Überlegenheitsvorstellungen, übersteigertem Sendungsbewusstsein und revisionistischen Geschichtsdeutung. Radikal gedacht steht der Versuch eines Systemwechsels gegen die offene Gesellschaft und gegen die liberale Demokratie, mit der Destabilisierung von Institutionen einhergehend.
Die Ungleichheit bedroht inzwischen den gesellschaftlichen Zusammenhalt. Sie führt zu einer massiven kulturellen Verunsicherung bei all jenen, die nicht zu den Globalisierungsgewinnern zählen. Diese doppelte Verunsicherung, wirtschaftlich wie kulturell, schlägt sich an den Wahlurnen in Stimmen für die Populisten nieder.
„Es sind demnach vor allem die ökonomischen Verlierer, die aus ihrer sozialen Unsicherheit heraus Populisten wählen. Im Mittelpunkt steht dabei die wachsende materielle Ungleichheit, die

innerhalb der meisten etablierten Demokratien deutlich zugenommen hat“, so Michael Zürn, Wissenschaftszentrum Berlin für Sozialforschung. Die politische Öffentlichkeit ist im Wandel und sehr stark von Polarisierung geprägt. Stimmen von den Rändern dominieren überproportional den politischen Diskurs in der Gesellschaft, sie prägen Debatten mit Emotionen und zwingen die Verfechter moderater Töne- die politische Mitte- in die Defensive oder gar in eine rückgratlose Beliebigkeit.

„In der von ihr (Angela Merkel) entscheidend mitgeprägten Ära der Alternativlosigkeit sind politische Fantasie und kreatives Denken fast gänzlich abgestorben.“[10]

Insgesamt trägt daher die Polarisierung der Gesellschaft dazu bei, dass es immer schwerer wird, eine Politik für die Mehrheit zu definieren und überzeugend umzusetzen.

---

[10] Matthias Heitmann , in: Cicero, 8. Juli 2018

"Diese Menschen können keine Rücklagen bilden, sie können nicht für das Alter vorsorgen, sie sparen häufig bei selbstverständlichen Dingen wie Strom, Heizung und bei Lebensmitteln. Hier versagt der Sozialstaat Deutschland bei Gerechtigkeit, sozialer Sicherung und Teilhabe", so Verena Bentele. Die soziale Spaltung in einem wohlhabenden Land wie Deutschland werde immer größer. Dies sei „höchst skandalös".[11]

[11] Verena Bentele, neue Präsidentin des Sozialverbands VdK, Mai 2018

3. ENTFREMDUNG: POLITIK-BEVÖLKERUNG

Den Menschen als soziale Wesen sind Bezugspersonen zum Wohlergehen lebenswichtig: Familie, Freundeskreis, Bekannte, Kolleginnen und Kollegen verheißen Sicherheit und Stabilität. Deren Einstellungen, Interessen und Motivationen beeinflussen die sozialen Bezüge, insbesondere die Vertrauensbildung („soziales Kapital").
Soziale Beziehungen können für den Einzelnen hinsichtlich Unterstützung und Vertrauen nützlich sein, darüber hinaus aber auch insbesondere inbezug auf Beziehungen zwischen Mitgliedern unterschiedlicher Gruppen. Dieser Zusammenhalt garantiert weitgehend den Bestand einer Gesellschaft insgesamt.
Das weite Feld sozialer Realitäten, verschiedener Lebensformen der Menschen, entzieht sich zunehmend des rein vernunftgemäßen Verstehens, Argumentierens und Gestaltens; Kulturalisierung erfährt eine widersprüchliche Dynamik im Blick auf Ökonomie, Arbeitswelt, digitaler Technologie, Lebensstile.
Rasante gesellschaftliche Entwicklungen haben zufolge, dass Menschen mobiler und flexibler werden, schneller den Arbeitsplatz und den Lebensort wechseln. Individuelle Präferenzen er-

scheinen wichtiger und lösen zunehmend traditionelle Bindungen ab.

So sind Ängste einer Gesellschaft der Singularitäten vor einem Verlust kultureller Identität u. a. Folgen der globalisierten Welt. Es formieren sich selbsternannte Retter zur „Verteidigung im Namen des Volkes“.
So fordert u. a. die AfD beispielsweise in ihrem Grundsatzprogramm „deutsche Leitkultur statt Multikulturalismus“, und die Identitäre Bewegung ruft europaweit mit aggressiven Aktionen zur ihrer Bewahrung auf.

In Deutschland hat die Vielfalt von Menschen mit unterschiedlichen Herkunftsländern, Kulturen, Religionen und Sprachen stetig zugenommen. So hat heute ungefähr jeder Fünfte in Deutschland einen Migrationshintergrund, das heißt, entweder ist die Person selbst zugewandert (erste Zuwanderergeneration) oder sie ist in Deutschland geboren, aber ihre Eltern sind zugewandert (zweite Zuwanderergeneration). Für den sozialen Zusammenhalt einer vielfältigen Bevölkerung sind gute Beziehungen zwischen Menschen unterschiedlicher Herkunft enorm wichtig und für das gesellschaftliche Miteinander unabdingbar.

Äußere Anforderungen wie Leistungsverdichtung, Intensivierung und Beschleunigung der Arbeitsprozesse, fortschreitende Digitalisierung, steigende Mobilität und vermehrter Konkurrenzdruck bei gleichzeitig zunehmender Arbeitsplatzunsicherheit überfordern zunehmend die Menschen bis hin zur Selbstüberlastung verbunden mit Enttäuschung.

Der gegenwärtige Zeitgeist verstärkt diesen Zustand des „Burn-out-Syndroms" durch die Bereitschaft zur Selbstoptimierung, sich selbst gestellten Anforderungen anzupassen.

Mit dem Verlust des Raums und seiner identitätsstiftenden Orte und mit der Verdichtung der Zeit und wachsenden Dynamik von Mobilität, Kommunikation, Konsumtion und virtuellen Medienwelten erleben Menschen eine Entfremdung und Überforderung, sie erfahren eine starke Einschränkung ihrer Autonomie und Selbstbestimmtheit als Unterwerfung im sozialen Umfeld.

Obwohl es den Menschen wirtschaftlich so gut wie selten zuvor geht, nehmen Ängste und Depressionen zu.[12]

Liegt die Begründung möglicherweise in der Erkenntnis eigener Machtlosigkeit, gleichsam

---

[12] Vgl. Inge Kloepfer, „Die Ohmacht", in: FAS 23. November 2018, Nr. 47, S.28

in einer Ohnmachtserfahrung, den Ansprüchen der Gesellschaft trotz Optimierungsbemühen nicht mehr gewachsen zu sein? Mit dem Gefühl der zunehmenden Unvollkommenheit und Erkenntnis der stagnierenden Machbarkeitsillusion versuchen Menschen nach Auswegen, nach Kompensation in unterschiedlichen Aktionismen: individuell, kollektiv, duldend, aggressiv.
Protektionisten und Populisten machen sich die Gemütsverfassung zunutze und untergraben zielgerichtet mit einer digitalen Flut von Desinformation den sozialen und nationalen Zusammenhalt und streben in einer multipolaren und fragmentierten Welt nach der Macht.
Mit einer Zunahme öffentlicher Debatten und dem Kampf um Resonanz, Deutungshoheit und Hegemonie polarisieren sich Gesellschaften, d.h. Positionen und Haltungen spitzen sich in gegensätzlichen Richtungen zu. Ihnen ist gemeinsam, Zustimmung von möglichst vielen Menschen zu einem sie bewegenden Problem zu erlangen.

Zunehmend lassen die Erfolge nicht nur rechtsextremer und nationalistischer Bewegungen und Parteien sich auf deren Behauptung zurückführen, Migration sei „die Mutter aller Probleme“. Der Verlust über die Kontrolle der Grenzen, darüber, wer einen noch so kleinen Anteil vom Reichtum abbekommt, wer Ansprüche auf Teilhabe stellen

kann, ein fortwährender nie vollständig abgeschlossener Prozess, der nachhaltig die Zusammensetzung der Bevölkerung verändert.
Die Mehrheit der Gesellschaft spricht sich explizit und aktiv für Pluralität aus, kämpft gegen Ungleichheit und positioniert sich gegen rechte Mobilisierung, auch wenn in medialen und politischen Debatten das Erstarken rechter Kräfte den Anschein erweckt, es handle sich um den dominierenden, den größeren Teil der Gesellschaft.
In der Gesamtgesellschaft rücken unterschiedliche zivilgesellschaftliche Akteure in immer pluraler und heterogener werdenden Gesellschaften zur involvierten Solidarität dann näher zusammen, wenn sie von den Konsequenzen unkalkulierbarer Machtverhältnisse betroffen sind.

"Ich sehe ein Totalversagen der Erklärkultur unserer Politik. Es wird nicht erklärt oder debattiert, sondern diffamiert." [13]
Nicht als Mutter aller Probleme seien Islam oder Migranten, sondern Fragen insbesondere auch nach der Krankenversicherung, der Rentenversicherung, der Schulen, der Löhne: ein Totalversagen der politischen Erklärkultur, so Strunz. Politik halte die Menschen für dumm und blöd, Probleme

---

[13] Claus Strunz, in TV Plasberg: "Hart aber fair", „Sprachlos, verständnislos, wütend: Wie gespalten ist Deutschland?"

anzusprechen sei nicht gleich Rassismus, aber man werde in die rechte Ecke geschoben, wenn man es tue. Wenn die Bürger dagegen aufbegehrten, bekämen sie von der Politik zu hören, sie seien zu dumm, es zu begreifen. Man könne mit den Bürgern so nicht kommunizieren. Die Menschen hätten „Angst vor Absturz“.
"Die Flüchtlingsfrage ist nicht die Mutter aller Probleme, sondern die Lupe, mit der plötzlich auch alle anderen Probleme stärker in den Fokus rücken. Der akute Wohnungsmangel, Ungleichheiten in den Lohnstrukturen, das allmähliche Verschwinden der Mittelschicht: All diese Dinge stoßen den Menschen heute stärker auf als noch vor einigen Jahren, weil die Angst vor der Verdrängung durch Migranten sie überhaupt erst darauf bringt“, findet Antje Hermenau.[14]

Teile der Bevölkerung sehen keine Aufstiegschancen mehr für sich, sind über die Volksparteien verbittert und unzufrieden. Ängste der schrumpfenden Mittelschicht beschleunigen so auch den Fremdenhass.
Fehlender Zusammenhalt, um sich greifende Politikverdrossenheit aufgrund vieler politischer Entscheidungen (Asyl-Chaos, marode Infrastruktur,

---

[14] Antje Hermenau, frühere Grünen-Politikerin, die mittlerweile für die Freien Wähler in Sachsen aktiv ist.

Bildung, Justiz usw.) sorge beim Wahlvolk für Erstaunen, Kopfschütteln, ja sogar Wut. „Geht's noch?"[15]

Das Land scheint gespalten zu sein, entkoppelt und abgehoben: die Repräsentanten im Parlament von den Repräsentierten im Land.

„Alternativlos" ist die immer wieder beschworene Formel; in einer lebendigen Demokratie ist dies aber Zugeständnis der Hilflosigkeit:

„Die Alternative für Deutschland", AfD, ist die umgehende Antwort zur Belebung der politischen Szene mit wachsendem Zuspruch aus der Wählerschaft. Es werden nun Skepsis und Vorbehalte artikuliert, die im bisherigen Parteienspektrum nicht explizit angesprochen wurden, in einer offenen Gesellschaft aber als selbstverständlich gilt. Viele Menschen haben zunehmend den Eindruck, dass der Politikbetrieb sich weit weg von der Wirklichkeit und ihren Problemen entfernt hat.

Die Fronten im Lande sind härter denn je: Arm gegen Reich, Ossis gegen Wessis, Muslime gegen Christen und die AfD gegen alle.

„Aus der Abstiegsgesellschaft erwächst aber auch eine ernst zu nehmende Gefahr: dass regressive

---

[15] Claus Strunz, Geht's noch, Deutschland?: Die schlimmsten Fehler, die unser Land lähmen - und 20 Ideen, wie es wieder besser wird, Plassen Verlag 2018

Modernisierung und postdemokratische Republik zu einer autoritären Strömung führen, die sich der liberalen Grundlagen unserer Gesellschaft entledigt."16

Da die „Akademikerklasse" (Elite) bestimmt, welcher Lebensstil als wertvoll betrachtet wird und welcher nicht, können viele Menschen der alten Mittelklasse im permanenten Wettbewerb um Sichtbarkeit, Wertschätzung, und Erfolg aber nicht mehr mithalten und sehnen sich nach Halt, Zugehörigkeit und Anerkennung. Sie wenden sich an diejenigen, die ihnen eine Gemeinschaft versprechen, in denen ihre Werte wie Homogenität, Pflichterfüllung und Solidarität wertgeschätzt werden mit klarer Grenzziehung der Dazugehörigkeit. Dem Kosmopolitismus, der Offenheit, Diversität, Selbstverwirklichung, der Entgrenzung und Deregulierung werden die Schließung der Grenzen und die Rückbesinnung der nationalen Identität entgegengesetzt.

Ungleichgewichte auf dem Arbeitsmarkt durch Einwanderer mit niedriger Qualifikation, die zunehmend mit wenig qualifizierten Einheimischen um Arbeitsplätze konkurrieren, führen zur Feind-

---

[16] Oliver Nachtwey, „Die Abstiegsgesellschaft: Über das Aufbegehren in der regressiven Moderne", edition suhrkamp, 2016, S. 233

seligkeit gegenüber Ausländern, dies kann in Gewalt umschlagen. Die emotionalisierte Gewaltbereitschaft wird noch verstärkt durch das zahlenmäßige Ungleichgewicht zwischen den Geschlechtern: Der Männeranteil unter Flüchtlingen und Asylsuchenden aller Schutzsuchenden in den letzten drei Jahre in Deutschland betrug zwei Drittel Männer, überwiegend davon im Alter von 18 bis 35 Jahren. Ein erheblicher Anteil der jungen männlichen Bevölkerung Ostdeutschlands hat geringere Chancen, eine Partnerin zu finden und eine Familie zu gründen, da gebildete Frauen viel eher dazu neigen als Männer, wegen gut bezahlter Jobs nach Westdeutschland umzuziehen. „Ihre" verbliebenen Frauen vor anderen Männern zu „schützen", erklärt eine erhöht feindliche Abwehrreaktion der regional ansässigen Männer. (Chemnitz weist den höchsten Männeranteil unter den 20- bis 40-Jährigen in ganz Deutschland auf.) Die Auswirkungen der sich daraus ergebenden gesellschaftlichen Veränderungen aufzufangen, muss von den politisch Verantwortlichen zur Vermeidung weiterer Eskalation bewältigt werden. Rechte Bewegungen haben sich bereits mit ihrer eigenen Zielsetzung dieser Problematik angenommen, ohne Lösungsvorschläge zwar aber mit entgrenzter Emotionalisierung durch aggressives Auftreten.

Mehr oder weniger Offenheit, Liberalität und Gleichwertigkeit zeigen grundlegende Konfliktpotenziale an, die zu manifester Gewalt führen können und bereits führten.* Den Zusammenhalt in der Gesellschaft über autoritäre Rechtsvorstellungen herzustellen, gefährdet die demokratisch konstituierte Gesellschaft und spaltet sie: Ausgrenzung von Randgruppen mit Gewaltbilligung und –bereitschaft zeugt von gruppenbezogener Menschenfeindlichkeit, Radikalisierung von Teilen der Mitte der Gesellschaft.

* Die AfD habe in Chemnitz bewiesen, wo sie steht, nämlich neben Pegida, der NPD und Neonazis, so Weber, der auch Spitzenkandidat der Europäischen Volkspartei (EVP).

Nach dem gewaltsamen Tod eines Manns Ende August in Chemnitz, der mutmaßlich von Flüchtlingen erstochen wurde, war es zu fremdenfeindlichen Übergriffen und Demonstrationen auch rechter Gruppen gekommen, die teils in Gewalttätigkeiten mündeten

„Populismus zeichnet sich aus durch eine radikale Kritik an den herrschenden gesellschaftlichen und politischen Eliten, denen man vorwirft, dass sie den wahren, eigentlichen Volkswillen nicht vertreten, ja, sogar systematisch hintergehen. Während Populisten von sich selber behaupten, dass sie diesen Volkswillen kennen."

(Frank Decker, Politikwissenschaftler im Dlf,
(15.11.2018)

4. POPULISMUS: LINKS-MITTE-RECHTS

Populistische Bewegungen entwickeln eine Dynamik in kurzer Zeit und kündigen eine Polarisierung und auch Radikalisierung der Gesellschaften an: Das britische Referendum (Brexit), Sieg Donald Trump, Ablösung des klassischen Parteiensystems in Frankreich, neue Regierungskoalition in Italien, AfD im Aufbruch, Blockaden in den Niederlanden und Belgien, usw.

Drei konstituierenden Dimensionen von Populismus „Anti -Establishment", „Pro-Volkssouveränität" und „Anti - Pluralismus", bestimmen im Wesentlichen das ideologische Gedankengut „rechts von der Mitte".

David Goodhart[17] ergänzt Populismus und Globalismus, um eine neue Erklärungsvariante. Der existentielle Konflikt unserer Zeit sei nicht zwischen links und rechts oder zwischen "offen" und "geschlossen", sondern zwischen "Menschen von irgendwo" und "Menschen von überall", der Unterscheidung der von „Somewheres" und „Anywheres.

[17] Goodhart, David, The Road to Somewhere: The Populist Revolt and the Future of Politics (English Edition) Kindle Edition, 2017

Gemeint ist die soziale Spaltung zwischen mobilen, gebildeten „Anywheres ", den „Globalisierungsgewinnern“ und sozial und geographisch verwurzelten „Somewheres“ und liefert damit die Erklärung des Niedergangs der Mitte-Links-Partei und Aufstieg des Populismus. Die „Zurückgebliebenen“, „Globalisierungsverlierer“, haben die traditionelle Politik von Mitte links und rechts zunehmend erfolgreich herausgefordert, dies in ganz Europa.

Um unerwünschte politische Meinungen zu diskreditieren und zu stigmatisieren oder die neoliberale Ideologie und Strategie bloßzulegen, positioniert sich der Rechts- und Linkspopulismus im politischen Diskurs zum Kampf der Deutungshoheit dynamischer gesellschaftlicher Bedingungen.

Ist Populismus allein als Gefahr für die Demokratie anzusehen oder auch Hinweis auf Fehlentwicklungen einer pluralistischen Gesellschaft? Finanzkrise, Flüchtlingswelle, Misstrauen in die Eliten, wachsende Ungleichheit generieren politische Bewegungen, Parteien.
Politische Formeln über Alternativlosigkeiten provozieren Abwehrkräfte, populistische Aktivitäten erscheinen als Versuch der Mitsprache derjenigen zu sein, die sonst über keine Stimme ver-

fügen, der „Sprachlosen", der „Ausgeschlossenen".

Angesichts einer sich polarisierenden Gesellschaft sichern Kommunikation und gegenseitiges Zuhören aller politisch Aktiven die Demokratie mit ihren zu akzeptierenden Regeln nur dann, wenn die realen Lebensbedingungen ihrer Menschen angemessen berücksichtigt werden.

Ein Diskurs gegensätzlicher, auch anscheinend extremer Auffassungen - muss deswegen auch als berechtigter Anspruch auf Anhörung und Debatte in einer Demokratie erfolgen und darf keinesfalls tabuisiert werden. Etablierte Eliten, Parteien neigen dazu die „Ränder" links oder rechts zu ächten oder abzuweisen und verweisen sie so ungewollt in eine Opferrolle und machen sie damit nur noch stärker,

Um die Gunst der Massen im Hinblick auf Wahlen zu gewinnen, bedienen sich sämtliche Parteien, die regieren, Opposition betreiben oder Wahlkämpfe zu bestreiten haben des Mittels der Dramatisierung der politischen Lage, in diesem Sinn agiert auch die Bundesregierung populistisch.[18]

---

[18] Vgl. Wissenschaftszentrum Berlin und die Bertelsmann-Stiftung, Populismusbarometer 2018

„Populistische Einstellungen nehmen zu – vor allem in der politischen Mitte. Dies ist ein schleichender Prozess und keine Erdrutschbewegung. Jeder achte Wahlberechtigte ist derzeit populistisch eingestellt und verortet sich gleichzeitig in der politischen Mitte. Im Vorjahr war es noch etwa jeder

Nicht nur an den Rändern des Parteiensystems entsteht Populismus. Auch die Parteien der politischen "Mitte" übernehmen bestimmte Stilformen, rhetorische Mittel und Kommunikationstechniken, die man als „populistisch" bezeichnen muss: wenn Parteien und Politiker versuchen, möglichst effektiv mit einer möglichst breiten Masse von Bürgern zu kommunizieren –dann müssen sie sich den Logiken der Massenmedien anpassen.

.

Der Populismus-Vorwurf kann somit auch als Herrschaftsinstrument der etablierten Parteien gedeutet werden. Zur Verteidigung der eigenen Position sind (fast) alle Mittel recht, insbesondere steht dabei der Wille, die Inhalte des Gegners politisch und gesellschaftlich zu delegitimieren.
Eine populistische Verkürzung anstehender gesellschaftlicher Probleme (Migration) legitimiert das eigene Handeln, verteidigt den Status quo etablierter Parteien.
Die Politik von Rechtspopulisten beruht dagegen auf dem Grundgedanken eines eigenen Gesell-

---

neunte Wahlberechtigte. Gleichzeitig ist in der Mitte die Gruppe der "Nicht-Populisten" von 13 auf 10,3 Prozent gesunken.“
Vgl. https://www.wzb.eu/de/news/deutschlands-mitte-wird-populistischer

schaftsbildes. „Das Volk" ist Ihr zentraler Begriff, hier „Wir“ dort die „Anderen“: das sind „die da oben“, „die da unten“ und „die da draußen“.

„Oben“ steht die Elite mit selbstherrlicher, staatlicher Macht, die vom „Volk“ zurückerobert werden muss. Populisten betreiben eine Politik der Angst – vor Verbrechen, Terrorismus, Arbeitslosigkeit, wirtschaftlichem Niedergang, dem Verlust nationaler Werte und Traditionen – und behaupten, dass andere Parteien ihr Land in die Katastrophe führen. Umfragen verdeutlichen eine extrem pessimistische Einstellung der populistischen Wählerschaft: Sie hält die Vergangenheit für besser als die Gegenwart und hat große Angst vor der Zukunft.

Die „anderen“ kommen von außen (Ausländer), von den etablierten Parteien ins Land gelassen („umvolken“) belasten sie zum Nachteil des Volkes als Sozialempfänger und Arbeitslose die Staatskasse. Als ideale Sündenböcke sind sie für demagogische Parolen unentbehrlich, da sie in besondere Weise emotionalisieren.

Linkspopulisten hingegen entfernen sich mit abstrakter Moral oft von der Bevölkerungsmehrheit und isolieren sich in einer selbstgerechten Position: Hervorgehoben erscheinen oftmals einseitig „linke“ Vorlieben für Anders-Sein, Opfer-Denken und Moralisierung.

An den beiden Sammlungsbewegungen #aufstehen (geschlossen und solidarisch) und #unteilbar (offen und solidarisch) lässt sich auch ablesen, wie unterschiedliche Auffassungen von Lebenswelten (kosmopolitisch und kommunitaristisch) sich gegenüberstehen. Linke Parteien und Demokratie im Allgemeinen sind in der Pflicht, Erklärungen und Lösungen für gesellschaftliche Probleme und Unzufriedenheit anzubieten. Bisher hat die Tendenz, die Sorgen über die Einwanderung und die nationale Identität zu ignorieren oder herunterzuspielen, nicht dazu beigetragen, wachsenden Populismus zu stoppen. Vielmehr hat diese Entwicklung den Aufstieg der Rechten sogar noch beschleunigt, weil sich die Populisten dieser Themen emotionalisierend angenommen haben.

Während alle etablierten Parteien an einem Strang zu ziehen scheinen, um sich gegenseitig beim Machterhalt zu unterstützen, greifen populistische Parteien etablierte Systeme an. Sie sind für die Wähler attraktiv, weil sie sich in einfacher Sprache die Nähe zum Volk sichern und sich in Abgrenzung zu den herrschenden Eliten definieren; zudem betonen sie die Zugehörigkeit der eigenen nationalen oder kulturellen Identität im Wir-Gefühl und Ablehnung der „Fremden“. Wähler wenden sich bei verunsichernden Situationen oder vermeintlich drohender Gefahr an Instanzen oder Personen, mit Schutz -und Sicherheitsversprechen. Die Wahlerfolge autoritärer und rechter Populisten sind das Ergebnis.

Der begrenzte Pluralismus ist als zentrales Abgrenzungsmerkmal des Populismus zu sehen.
Er fokussiert traditionelle („starre") Werte, präferiert traditionelle Rollenbilder, feste Hierarchien und steht Fremdem zumindest kritisch gegenüber. Liberale sehen die Welt individualistisch und pluralistisch, ihre Vertreter stehen für Freiheit, Individual- und Menschenrechte. Liberale Demokratien sind allerdings wenig gruppenidentitätsstiftend, was nationalistische oder religiöse Identitätsangebote attraktiv macht, denn sie steigern Kooperationsbereitschaft in Gruppen und damit individuelles Wohlbefinden.
Rechtsnationale und rechtsextreme Populisten versuchen demokratisch gewählte Institutionen zu umgehen, indem sie direkten Zugriff des Volkes auf die Macht – in Person ihres Führers- suggerierten. Dieser Populismus verachtet die Institutionen und deren „Eliten", somit auch die Gewaltenteilung und mündet deshalb im Autoritarismus. Einer Autoritarismus-Studie der Uni Leipzig zufolge können sich 40 Prozent der Deutschen ein autoritäres Regime vorstellen: Deutschland sei überfremdet und eine Diktatur keine schlechte Idee. Vor allem autoritär veranlagte Menschen teilen Ansichten einer rigiden Ideologie, die es

gestattet, sich gleichzeitig einer Autorität zu unterwerfen, an ihrer Macht teilzuhaben und die Abwertung anderer im Namen dieser Ordnung zu fordern. Nach dieser Studie basieren rechtsextreme Einstellungen auf der Überzeugung, dass Menschen nicht gleichwertig seien. Nationalsozialismus wird verharmlost, chauvinistische, antisemitische, fremdenfeindliche und sozialdarwinistische Ansichten finden Zustimmung.[19]

In einer egalitären Gesellschaft sollte die „political correctness" einem rationalen Diskurs weichen, eine Streitkultur wiederhergestellt werden, die affektiven Polarisierungstendenzen Einhalt gebietet. Weder darf Kritik von regressiven Linken an Fehlentwicklungen immunisiert werden, noch nationale, kommunitaristische Sichtweisen von kosmopolitisch Denkenden rigide verteufelt werden.

Eine bedrohte freiheitlich-demokratische Welt muss konsequenter verteidigt werden, wesentliche sachorientierte Merkmale der Begriffe Toleranz und Akzeptanz sind zu unterscheiden und mit Inhalten engagiert und nicht emotionalisiert zu unterlegen.

---

[19] Decker/ Brähler (Hg.): Leipziger Autoritarismus-Studie 2018, 2.416 Befragte im Frühsommer 2018

Anderer Meinung ist der Politikwissenschaftler Timo Lochocki.

Ein emotionalerer Weg sei viel erfolgsversprechender – ein neuer bürgerlicher kompromissstarker Staat plus solidarische Bürgergesellschaft- wäre imstande globalisierungskritische Wähler wieder von den Rechtspopulisten wegzulocken.

Das Ende des politischen „Systems" wird von manchem Politiker, vielen Journalisten und Wissenschaftlern herbeigeredet und Wähler nehmen diese Entwicklung als unvermeidlich hin.

Die Volksparteien haben aber noch immer das Heft des politischen Handelns in der Hand. Dem Erstarken des Populismus lässt sich durchaus mit den Mitteln der Parteiendemokratie begegnen, so der Politologe Timo Lochocki mit seiner ‚Vertrauensformel‘[20]

In einer globalisierten Welt müssen viele Probleme daher langfristig global gelöst werden, Verhaltensoptionen von Individuen einerseits berücksichtigt und andererseits das Gemeinwohl einer multilateralen Gesellschaft angemessen sozialpolitisch gestaltet werden.

---

[20] Timo Lochocki, Gastbeitrag in Zeit Online, 9. Oktober 2018, "Die Vertrauensformel So gewinnt unsere Demokratie ihre Wähler zurück“ Herder Verlag, 2018

In seiner Weihnachtsansprache, 2018, mahnt Bundespräsident Frank-Walter Steinmeier zu offenem mehr respektvollem Dialog, nur durch einen offenen Diskurs könne die Demokratie geschützt werden, auch auf die ständige Gefahr hin, „auch der andere könne mal recht haben". In der Fähigkeit zum Kompromiss liege die Stärke der Demokratie.

„In Zeiten von rassistischen Menschenjagden auf der Straße, Anschlägen auf Moscheen, fundamentalistischen Terrors, Angriffen auf Kippa-Träger, Ausschreitungen bei den G20-Protesten und Aufrufen zu mehr linker Radikalität muss man sich fragen, wie viel Radikalität eine Gesellschaft aushält. Diese Frage müssen sich alle Bereiche dieser Gesellschaft stellen. Ihre einzelnen Mitglieder, ihre Politiker, ihre Konflikt- und Demokratieforscher, ihre zivilgesellschaftlichen Akteure."[21]

---

[21] Lilli Kannegießer, Peace Research Institut Frankfurt/Leibniz-Institut Hessische Stiftung Friedens-und Konfliktforschung (PRIF)

*„Die Identität und dieses Verlangen, die eigene Kultur weiterzugeben, finden wir für Minderheiten ganz verständlich, aber sobald Mehrheiten es tun, gilt es plötzlich als rassistisch oder wird gesagt: Es gibt ja überhaupt keine deutsche Kultur, es gibt keine niederländische Kultur, das sind alles nur irgendwie Einzel-Individuen sozusagen." (Ruud Koopmans)**

* Ruud Koopmans, Assimilation oder Multikulturalismus?: Bedingungen gelungener Integration, Lit Verlag, 2017

5. ISLAMISIERUNG

Der Anteil der Muslime wuchs von 1,3 auf 4,4 Prozent, bis zum Jahr 2050 wird laut Prognosen der Anteil der Muslime in Europa auf zehn Prozent steigen. Zum Islam würden sich demnach derzeit also nicht einmal fünf Prozent der Menschen in Deutschland bekennen, soweit zur Befürchtung der „Islamisierung Deutschlands". Trotzdem beschäftigen der Islam und eine befürchtete Unterwanderung Deutschlands mehr Menschen als die Flüchtlingsproblematik.

Wenn aber Islamisierung als Prozess begriffen wird, bei dem essenzielle Werte und Normen der Mehrheitsgesellschaft aufgeweicht werden, dann registrieren vielen Menschen schon erlebbare Veränderungen.

Schulbehörden bemühten sich wenig erfolgreich, vernünftige Kompromisse zwischen Regeln des vierwöchigen Fastens von Sonnenaufgang bis -untergang selbst für Grundschüler, kompatibel mit dem Schulbetrieb auszuhandeln.

Schweinefleisch wird in vielen Kantinen vom Speiseplan gestrichen.

Landeskriminalamt Berlin wirbt bei Polizisten um Verständnis dafür, dass sich bei manchen Fastenden „eine gewisse Reizbarkeit" einstellt.

Unter fadenscheinigen Gründen wird im TV „Arte“ eine offenbar eindringliche Dokumentation über Antisemitismus in Europa nicht gesendet.
Scharia-Gerichte sprechen jenseits der deutschen Justiz in Streitfällen Recht, Landesjustizminister der SPD findet das grundsätzlich unproblematisch.
Die Einführung eines „gesetzlichen Feiertages“ für die in Deutschland lebenden Muslime und die entsprechende Streichung „eines der vielen christlichen Feiertage“, wird befürwortet.
(Hans-Christian Ströbele)
„Mit Rücksicht auf den Islam“ lud die österreichische Botschaft in Berlin zu „winterlichen Köstlichkeiten“ statt zu „weihnachtlichen Köstlichkeiten“ ein.
Die Integrationsbeauftragte der Bundesregierung, Annette Widmann-Mauz, verschickte eine Grußkarte zu den Feiertagen, das Wort „Weihnachten“ tauchte nirgends auf: „Egal woran sie glauben… wir wünschen Ihnen eine besinnliche Zeit und einen guten Start ins neue Jahr.“
Ihre Vorgängerin (bis 3/2018) Aydan Özoguz (SPD): „Eine spezifisch deutsche Kultur ist, jenseits der Sprache, schlicht nicht identifizierbar.“
„Die Befolgung der Gebote meiner Religion ist für mich wichtiger als die Gesetze des Staates, in dem ich lebe“, stimmten 47 Prozent zu, junge Muslime halten kulturelle Anpassung an das Gastland sogar für weniger wichtig als die Älteren

(lt.einer repräsentativen Befragung türkischstämmiger Einwanderer im Rahmen einer Studie der Universität Münster, 2018)
Fragen nach der eigenen Identität in einer vielfältig gewordenen Gesellschaft darf das Eigene nicht verleugnen, um anderen zu gefallen, so die empörte Reaktion vieler Bürger.
Eine Konfliktlinie zwischen dem modernen Islam und den Fundamentalisten und der Mehrheitsgesellschaft spaltet die Gesellschaft. Bestätigt fühlen sich diejenigen, die von „Überfremdung" überzeugt sind, bei anderen wachsen Bedenken, ob nicht doch eine stattfindet.
„Wohin ein solcher Multikulturalismus aber tatsächlich geführt hat, das hat mich doch erschreckt. So finde ich es beschämend, wenn einige immer noch die Augen verschließen vor der Unterdrückung von Frauen bei uns und in vielen islamischen Ländern, vor Zwangsheiraten, Frühheiraten, vor Schwimmverboten für Mädchen in den Schulen. Wenn Antisemitismus unter Menschen aus arabischen Staaten ignoriert oder mit Verweis auf israelische Politik für verständlich erklärt, wird. Oder wenn Kritik am Islam sofort unter den Verdacht gerät, aus Rassismus und einem Hass auf Muslime zu erwachsen. Sehe ich es richtig, dass in diesen und anderen Fällen die Rücksichtnahme auf die andere Kultur als wichtiger erachtet wird

als die Wahrung von Grund- und Menschenrechten?“ [22]

Der Psychologe und Buchautor Ahmad Mansour[23] warnt vor Untätigkeit und Wegschauen bei salafistischen und islamistischen Tendenzen in Moscheen. Die Al-Nur-Moschee müsse man sich anschauen, seit Jahren sei bekannt, dass in der Al-Nur-Moschee in Neukölln auch Hassprediger auftreten; Vor allem die Politik steuere nicht konsequent dagegen, kritisierte Mansour. So müsse der Koranunterricht in den Moscheen staatlich kontrolliert und viel mehr Arabisch-Unterricht vom Staat angeboten werden, denn viele Eltern seien gar nicht so religiös, sondern wollten nur, dass ihre Kinder ihre Muttersprache beherrschten.
Antiislamischer Populismus weist durchaus auf real existierende Probleme hin, etwa hinsichtlich mangelnder Integration, sprachlicher Barrieren und sozialer Ausgegrenztheit. Er agiert nicht unbedingt offen rassistisch, sondern appelliert an die „deutsche Leitkultur“ und warnt vor einer Übernahme des „christlichen Abendlandes“ durch einen aggressiven Islam.

---

[22] Joachim Gauck: „Nachdenken über das Eigene und das Fremde“, 2018.

[23] Ahmad Mansour , Welt am Sonntag, 20/01/2019

In der säkularen Kultur der Demokratie wird heute einerseits peinlich genau darauf geachtet, nicht den Islam zu kritisieren – während andererseits das Christentum als Quelle der gesellschaftlichen Heuchelei, Scheinheiligkeit und Unaufrichtigkeit herhalten muss; das empfinden viele Menschen als Missachtung.

Es scheint absehbar, dass der Druck auf das Christentum in Europa kurz- bis mittelfristig weiter zunehmen wird. Liberal-progressive Eliten werden nur noch sporadisch christlich geprägte kulturelle Substanz verteidigen, ein Korrektiv seitens der christlichen Kirche in Europa ist kaum erkennbar.
Ein Relevanzverlust des Christentums durch eine weitestgehende Entchristianisierung Westeuropas findet derzeit- so u. a. Victor Orbans Credo- schleichend statt.

Viktor Orban, Ungarns Regierungschef und selbsternannter Beschützer des Christentums, stimmte seine Anhänger in seiner jährlichen Rede zur Lage der Nation, 2/2019, vor geladenen Gästen in Budapest auf die Europawahl („finale Schlacht") Ende Mai ein. Unsere ungarische Identität, unser christliches Erbe müsse verteidigt werden, sagte Orban. Er sei besorgt über die Umgestaltung von früher christlichen Ländern in Einwanderungsländern, es entstünden „christlich-muslimische Welten", in denen der Anteil der Christen kontinuierlich schrumpfe.[24]

Die Europäische Union verkünde eine Welt ohne Nationen, sie wollten offene Gesellschaften und diejenigen seien wieder da, die unsere Traditionen wegfegen und unser Land mit ausländischen Kulturen überschwemmen wollten. Ein Anstieg der Kriminalität, insbesondere gegen Frauen sei Folge der Einwanderung und lasse "den Virus des Terrorismus eindringen".

.

[24] Vgl.Tagesspiegel, „Wir wollen ungarische Babys“, 11. Februar 2019

Aus andauernder latenter Unsicherheit entstehen nach und nach Empörung, Wut und Hass. Das sei der Moment, wo der Populismus aufblühe.
Matthias Horx, Zukunftsforscher

6. WIR-IHR

Die heutige Identitätspolitik tendiert zur Fragmentierung und Individualisierung.
Gruppen, die sich auf Identität berufen und wachsender Separatismus unter ihnen scheinen ständig zuzunehmen
Multikulturalismus wurde bisher als das beste Instrument zum Umgang mit Vielfalt gesehen. Aufgrund der Zunahme von Vielfalt hat sich aber eine Front gegen Multikulturalismus aufgebaut, dies hat zur Begünstigung populistisch politischen Haltungen geführt.
Zwei Ansichten im Diskurs über Multikulturalismus stehen sich gegenüber: die gelebte Erfahrung der Vielfalt einerseits und der Multikulturalismus als Politik mit dem Ziel, diese Vielfalt zu managen, andererseits.
Das heißt, auf der einen Seite wird die kulturelle Vielfalt, Masseneinwanderung, offene Grenzen und eine offene Geisteshaltung als eher offene, lebendige und kosmopolitisch orientierten Gesellschaft erlebt. Auf der anderen Seite geht es um die politische Gestaltung und um Maßnahmen, Vielfalt physisch, kulturell oder geistig im Sinn der Begrenzung zu managen. Auf der einen Seite werden Migranten als die anderen betrachtet, die eine Bedrohung für die europäischen Gesellschaften darstellen, die Einwanderung untergräbt den

sozialen Zusammenhalt und die nationale Identität. Auf der anderen Seite wird das Anderssein von Migranten hingenommen, die Gesellschaft muss ihre Lebensweisen akzeptieren, respektieren und damit leben.
Beide Ansichten enthalten Konfliktpotential: Reaktionäre identitäre Bewegungen nehmen zu, die ansteigende Feindseligkeit gegenüber Einwanderung, Diversität und Multikulturalismus werden spürbar erlebt.
Anscheinende Gleichgültigkeit, Hilflosigkeit, Unsicherheit und Zukunftsängste bewegen die Menschen und sind die Herausforderung für eine solidarische Politik mit Schwerpunkt sozialer Fragen.
Zunehmend werden in politischen Kampagnen, in einschlägigen Talkshows im TV und Politforen in den USA und Europa eindrücklich das „Wir“ als Appell und Slogan herausgestellt; insbesondere auch in den sozialen Medien benutzen Gruppen unterschiedlicher moralisch-ideologischer Haltungen dieses „Wir-Konstrukt. Das „Wir“ definiert sich in Abgrenzung zum „Nicht-Wir“, das sind die „anderen“.

So warnt die Menschenrechtsorganisation Amnesty International vor einer globalen Tendenz einer feindseligen Rhetorik von Regierungen „Wir gegen die anderen“ mit dem Ziel, Gesellschaften zu spalten, Angst zu verbreiten, d.h. die Bevölkerung gegeneinander ausspielen und dadurch Menschenrechte zu gefährden. So bezeichnet Amnesty Twitter als Instrument der Ausgrenzung: US-Präsident Donald Trump zum Beispiel reichten 140 Zeichen um die amerikanische Bevölkerung zu teilen Es sei dabei erschreckend, wie schnell die Bevölkerung dabei mitmachen würde. So würde die Politik „Wir gegen die anderen" auch in internationalen Beziehungen Form annehmen und den Multilateralismus durch eine aggressivere Weltordnung ersetzen. Der UNO-Sicherheitsrat bleibe so durch die Rivalität der Vetomächte paralysiert.

„Wir“ als inklusive, fürsorgliche Gemeinschaftsauffassung wird mit einer autoritär ausgerichteten, ausgrenzenden Gegenbewegung konfrontiert.
„Wir“ signalisiert eine Gruppenzugehörigkeit, im Allgemeinen verbunden mit Gefühl und Gemeinsamkeit; ein „Wir“, das nicht die anderen sucht, um sich selbst im Gegensatz zu ihnen zu definieren, sondern verbindliche Sicherheit und Stabilität dem Individuum verspricht.
Wir-Appelle und Imperative können daher extrem unterschiedlich sein.

Der Appell an ein „Wir“ war schon immer Teil politischer Kampagnen. Wir-Rufe appellieren, dass alle Menschen gleichermaßen des Schutzes bedürfen, eine humane Gesellschaft müsse gemeinsam die Verantwortung für das Wohlergehen tragen. So beruhen Internationale Kooperationen auf dem Gefühl, dass der andere, auch am anderen Ende der Welt, mich etwas angeht.

Soziale Medien können sowohl ein gesteigertes Gefühl des Miteinanders vermitteln, als auch ein Wir mit gemeinten „richtigen Werten“ abgrenzend zum anderen, zum abgehobenen Establishment, zu Fremden, zu andere Religionen und Kulturen, zum allgemein „Anderssein“ spaltend.

„ANDERSSEIN“:

„Wir sind das Volk“, „Wir sind mehr“, „Wir sind Deutschland“, “Wir sind viele“ „Wir gegen die“ „We want our country back- Take back control“ (England), „On est chez nous“ (Marine Le Pen), „Wir nehmen die Macht von Washington D.C. und geben sie an euch, das Volk, zurück“(Trump), „Wir holen uns unser Land zurück.“(B.Höcke), „WIR sind fremd im eigenen Land“(Sarrazin) „Wir sind uns einig, gegen die zu sein...“(Chemnitz)

Siehe ANHANG Seite 113 : „Illusionen der Rechten“

Appellatives „WIR“ als GEMEINSINN:

„Yes, we can, Change we need” (Obama), „Wir schaffen das“ (Merkel, „Wir sind Weltmeister“(1954), „We Are The World“, „ Wir können stolz sein auf unser Land“ (W.Brandt), „Ich empöre mich, also sind wir“ (Camus) 25

!

Man streite untereinander als Geschwisterkinder, aber wenn die Nachbarskinder kämen, dann halte man zusammen, wir gegen die, aber vor allen Dingen in ordentlichem Ton. (CDU-Vorsitzende Annegret Kramp-Karrenbauer bei der CSU-Landesgruppe im Kloster Seeon, 2019).

---

[25] Menschen werden mit erlebtem oder empfundenem Unrecht zunächst gänzlich alleine konfrontiert; der Mensch strebt dann empört nach Veränderung im politischen Handeln und gelangt so zu Solidarität mit anderen, mit Gleichgesinnten, Camus 1951

„Nicht der Diversity-Diskurs über Unterschiede und das andersartige Nebeneinander bringt uns künftig weiter, sondern das Erkennen der Ähnlichkeiten, die uns verbinden“.
(Harry Gatterer, Zukunftsinstitut 07/2015)

7. UMBRUCH DER PARTEIENLANDSCHAFT

Immer mehr Bürger fühlen sich weder ökonomisch noch diskursiv oder kulturell von den etablierten Parteien repräsentiert. In diese Repräsentationslücke haben sich zunehmend Rechtspopulisten etabliert. Wesentliche Ursachen sind die sozioökonomischen Ungleichheiten innerhalb der OECD-Staaten, Öffnung der Grenzen der Nationalstaaten für Migranten, Güter, Kapital und Dienstleistungen und Auslagerung nationalstaatlicher Souveränitätsrechte auf supranationale Organisationen und Regime. Zwischen den Globalisierungsbefürwortern und Globalisierungsskeptikern baut sich eine Konfliktlinie auf, mit Auswirkungen auf das Parteiensystem.

Seit 2015 verschärfte sich zusehends der Konflikt in der Flüchtlingsfrage seitens der CDU-Spitze um Angela Merkel, programmatisch nicht gedeckt und überraschend: Öffnung von Grenzen für Flüchtlinge und Asylsuchende gegen Schließung und Legitimation einer Obergrenze der Aufnahme. Die CDU positioniert sich gegen eigene programmatische Position eher kosmopolitisch, die CSU im Einklang mit ihrer programmatischen Tradition konservativ-kommunitaristisch.

Dies führte zu einer lebendigeren politischen Auseinandersetzung und die politische Partizipation erhöhte sich nachweislich: Polarisierung als Anschub gegen Politikverdrossenheit, insbesondere hinsichtlich der ausgegrenzten, weniger privilegierten Schichten.

Erfolge der Rechtspopulisten wären ohne diese Polarisierung kaum zu erklären, die populistische Rechte hat nun wesentliche Teile des politischen Vakuums des kosmopolitischen Raums mit ihrer Ideologie besetzt und Einstellungen der traditionellen konservativen Parteien in Westeuropa verstärkt: die nationalistisch-chauvinistische Vorstellung der Exklusion der oder des anderen wird explizit betont.

Nicht allein die Ungleichheit erzeugenden Märkte stehen auf der rechtspopulistischen Agenda, sondern der Kampf gegen das Fremde oder gar die Fremden, die Entfremdung entwickelt sich zur Fremdenfeindlichkeit.

Migration wirkt polarisierend, so polarisieren sich auch Gesellschaften mit ihren etablierten Parteien. In öffentlichen Debatten und im Kampf um Resonanz, Deutungshoheit und Hegemonie nimmt die Polarisierung zu. Sie bedeutet faktisch die Zuspitzung von Positionen und Haltungen, denn es geht darum, gegen die jeweils „anderen", kollektiv handlungsfähig zu werden. Beiden Seiten geht es darum, zustimmungsfähige Ideen zu entwickeln, in welchen sich die Interessen möglichst vieler Menschen wiederfinden.

Zunehmend lassen die Erfolge rechtsextremer und nationalistischer Bewegungen und Parteien sich auf deren Behauptung zurückführen, Migration sei „die Mutter aller Probleme“. Die Mehrheitsgesellschaft positioniert sich aber gegen rechte Mobilisierung, sowohl im medialen und politischen Diskurs, obwohl das Erstarken rechter Kräfte auf so genannter „Volksnähe“ beruht.

„Quantitativ nähert sich die AfD in Teilen Deutschlands Volksparteien an, qualitativ nicht“, meint Grabow. Volksparteien suchten Kompromisse und gesellschaftlichen Ausgleich, die AfD aber ziele auf Tabubruch und Skandal, so Karsten Grabow, Leiter der Arbeitsgruppe Parteienforschung bei der CDU-nahen Konrad-Adenauer-Stiftung.

Befeuert durch die Sozial Media verbreiten sich so genannte Fake News und Verschwörungstheorien rasch im Netz. Politiker versuchen über Facebook, Twitter, Instagram und Co Wähler zu erreichen und zu überzeugen und über diese Social Media ihre Unterstützer im Netz insbesondere vor Wahlen zu sammeln. Ob sich solche Social-Media-Beiträge verbreiten und Erfolg versprechen, hängt von der professionellen Umsetzung ab. Die Präsenz in Social Media zielt darauf, dass man kommentiert, geteilt und geliked wird, um dadurch auch größere Reichweite zu erzielen. Politiker müssten sich für ihre Social Media-Aktivitäten eine Zielgruppe und eine Strategie überlegen, an konkret ausgesuchten, lebensnahen Beispielen.

Soziale Netzwerke wie Facebook dominieren die Debatten - und tragen dazu bei, dass die Gesellschaft zu zerfallen droht. Die Masse der heute digital global verbreiteten Informationen enthalten Wichtiges und Unwichtiges, Richtiges und Falsches, ein wesentlicher Verlust der Wirklichkeit. Vernünftige Regeln für Kommunikation in der Gesellschaft fehlen, ein tragfähiger Konsens kann nicht dadurch erreicht werden, dass eine Seite der anderen ihre Wahrheit aufzwingen kann, sondern Wahrheit im gesellschaftlichen Diskurs sich rationalen, überprüfbaren Argumenten stellen muss. Tatsachenbehauptungen müssen begründbar, Fakten überprüfbar sein. Nicht emotionalisierter Dissens sondern sachbezogener Konsens allein ist der Maßstab gemeinsamer Werte in einer Demokratie. Um die politische Ansicht oder das Handeln des politisch Andersdenkenden durch abfällige Bezeichnungen abzuwerten werden von politischen Akteuren aller Seiten- Mitte und Ränder- Stigmawörter eingesetzt , und damit die eigene politische Gruppierung aufgewertet.

Für das Verbreitungspotenzial im Netz ist Faktizität zweitrangig. Im Umfeld der neuen Onlinemedien scheinen Gerüchte, Falschmeldungen und fingierte Geschichten - selbst wenn haltlose Inhalte als solche entlarvt werden- einen hohen Aufmerksamkeitswert zu erlangen; sie erzeugen effektiv Empörung, Wut und Angst.

Dies nutzen Demagogen als Meister des Gefühlsmanagements

Lebenswirklichkeiten, die durchaus angstauslösend sein können, werden als Argument zum Auslösen negativer Emotionen instrumentalisiert, der Zulauf vieler Menschen ist ihnen dann gewiss. Wenn eine Gegenposition (etablierte Parteien), attraktive, positive Bilder über mögliche Zukunftsszenarien zu entwerfen, verweigert oder als alternativlos darstellt, wird sich das Auseinanderdriften der Gesellschaft verstärken.

Es sei zwar noch zu früh, das Ende der Volksparteien auszurufen, aber wir erlebten das Ende von Gewissheiten und von traditioneller politischer Stabilität, so Karsten Grabow, Leiter der Arbeitsgruppe Parteienforschung bei der CDU-nahen Konrad-Adenauer-Stiftung. Volksparteien suchten Kompromisse und gesellschaftlichen Ausgleich, die AfD aber ziele auf Tabubruch und Skandal.

Eine nur wenig in der Öffentlichkeit zur Kenntnis genommenes umstrittenes Vertragswerk erregte und mobilisierte Parteien der Mitte und Rechte:

UN-MIGRATIONS- und FLÜCHTLINGSPAKT

Die Kritiker argumentieren, die UNO wolle jede Form von Migration legalisieren, illegalen Flucht-

bewegungen könne man künftig nichts mehr entgegensetzen.
Als das größte Migration-Abkommen der Geschichte gepriesen, vermissen und bemängeln die AfD und andere national gestimmte Gruppierungen die nur sporadischen oder — wenn überhaupt — nur mit positiven Worten Berichte über den „Globalen Pakt“. Im Papier zum UN-Pakt selbst fände sich anscheinend die Antwort: UN-Mitglieds-Staaten würden dazu aufgefordert, dafür zu sorgen, dass medial keine Stimmung gegen den Globalen Pakt und dessen Inhalte gemacht werde. Eine Petition der AfD gegen den Globalen Pakt auf der Seite des deutschen Bundestages zu veröffentlichen, wurde abgewiesen mit dem Hinweis, dass dadurch der »interkulturelle Dialog« belastet werde.
Am 10. Dezember 2018 hatten im marokkanischen Marrakesch rund 150 der 193 Staaten den umstrittenen, rechtlich unverbindlichen UN-Migrationspakt angenommen. Mehrere Länder, darunter Ungarn, Österreich, Polen, Tschechien, Bulgarien und die Slowakei, lehnen das Papier ab. Brasilien stimmte zwar zu, doch will sich die künftige Regierung um Jair Bolsonaro daraus zurückziehen. Das Thema hat längst einen Keil in die europäische Staatengemeinschaft getrieben. So zerbrach aufgrund der politischen Sprengkraft des Themas die Regierungskoalition in Belgien.

Die flämische Nationalistenpartei N-VA verlässt die belgische Regierungskoalition.

Die USA unter Präsident Donald Trump hatten von Anfang an nicht mitverhandelt, auch ein „Nein“ von Australien und Israels. Auch Merkels Widersacher in der Flüchtlingspolitik setzen mehr auf Abschottung und lehnen den Pakt ab. Von Nationalisten und AfD-Politikern wurde der Globale Pakt als Übel heftig beschimpft und das Bundesverfassungsgericht angerufen. Das entschied, der UN-Migrationspakt enthalte lediglich politische Selbstverpflichtungen, es handle es sich nur um ein völkerrechtlich nicht bindendes Kooperationsrahmenwerk, das primär ein politisches Bekenntnis zur internationalen Zusammenarbeit in Migrationsfragen enthalte. Zentrale Fragen und Ziele des Vertrags seien von Merkel nicht ausreichend erklärt und die Diskussion zu spät angestoßen worden, so der massive Vorwurf nicht nur der Rechtspopulisten und der AfD, sondern auch aus den eigenen Reihen.

In der Bevölkerung ist die Kommunikation mit Bürgern besonders schwierig, weil auch viele in Deutschland, die selbst kaum „über die Runden“* kommen, Sorge haben, dass sie dann die Benachteiligten sein werden; es bleibt ein diffuses Gefühl, dass Staaten wie Deutschland die Hauptlast tragen und überfordert werden könnten: „Heute sind wir tolerant und morgen fremd im eigenen Land“, skandierten Demonstranten das durch die rechtsextremistischen ‚Neonazi-Band Gigi & Die Braunen Stadtmusikanten` populär gewordene Song. Rechtspopulisten behaupten, Merkel lade Millionen von Menschen in die Sozialsysteme ein. Schon wiederholt sich seitens aufgebrachter Bürger und der AfD der Vorwurf der „Kanzlerdiktatorin“.[26]

Überzeugte Befürworter einer „Multilateralen Kooperation“ stoßen deshalb auf erhebliche Bedenken und Widerstand derjenigen, die ein besonderes ökonomisches wie kulturelles Interesse an der Erhaltung nationalstaatlich eng kontrollierter Grenzen haben.

---

* In absoluten Zahlen wuchs die Gruppe der armutsgefährdeten alten Menschen, Männer und Frauen über 65 Jahren, demnach von 1,9 Millionen auf 2,8 Millionen, entsprechen 17 im Vergleich zu 12,5 Prozent 2016 (Europäisches Statistikamt Eurostat, 2017) "Altersarmut breitet sich zunehmend aus, die gesetzliche Rente muss dringend gestärkt und armutsfest gemacht werden ", forderte die Sozialexpertin der Linksfraktion im Bundestag, Sabine Zimmermann.

[26] AfD-Vorsitzende Alexander Gauland bezeichnete Angela Merkel als „Kanzler-Diktatorin“, die das Volk völlig umkrempelt...
Der ehemalige Verfassungsrichter Michael Bertrams sieht in Merkels Alleingang eine klare Kompetenzüberschreitung und einen möglichen Verfassungsbruch. Merkels Alleingang sei ein Akt der Selbstermächtigung, er sprach von einer „selbstherrlichen Kanzler-Demokratie“.

Auch die CSU spricht sich zwar für den Pakt aus: „Deutschland kann die zunehmende weltweite Migration nicht alleine ordnen." Es bestehe aber die Pflicht der Herkunftsländer zur Rücknahme eigener Staatsangehöriger und „Zuwanderung in unsere Sozialsysteme lehnen wir ab." Der Migrationspakt sei kein bindender völkerrechtlicher Vertrag und nicht einklagbar, so das CSU-Papier.
Wenn den Menschen auf ökonomischer, politischer und sozialer Ebene die Anerkennung versagt bliebe, so sagten sie sich womöglich: Wenigstens das „Deutsch-sein" kann mir niemand nehmen. Die nationale Identität werde so zum Anker, der in stürmischen Zeiten Stabilität verleihe, so Wilhelm Heitmeyer im Gespräch mit Peter Carstens (Deutschlandfunk, Oktober 2018)
UN-Generalsekretär Antonio Guterres verteidigte das Vertragswerk in einer Rede vor Vertretern aus rund 150 Ländern am 10. Dezember 2018 als "Roadmap zur Vermeidung von Leid und Chaos". Das ist ein klares Bekenntnisse zum Multilateralismus gegen bröckelnde Solidarität der Weltgemeinschaft.
Ergänzt wird der Migrationspakt durch ein zweites UN-Papier, dem nachfolgenden „Globalen Pakt für Flüchtlinge". Ziel ist eine internationale Zusammenarbeit zur Lösung internationaler Probleme humanitärer Art, mit Augenmerk auf die Aufnahmeländer zur „berechenbaren und ausge-

wogene Lasten- und Verantwortungsteilung zwischen allen Mitgliedstaaten.....“ Was zunächst als Entlastung der Aufnahmeländer gedacht auch für Nationalisten und Rechtspopulisten wenig Bedenken aufkommen lässt, könnte die angesprochene Umsiedlung („resettlement“) von Menschen aus tendenziell überforderten Staaten wie Jordanien oder den Libanon legal und sicher in dritte Staaten schon eher auf Ablehnung stoßen.

Migrationspakt und Flüchtlingspakt sind rechtlich „nicht bindend“ Der Globale Pakt für Flüchtlinge wird als „wichtiges Dokument der Selbstverpflichtung“ am 17. Dezember 2018 in New York angenommen. Außer den USA haben aber alle Staaten ihre Zustimmung angekündigt.

„Die meisten Leute wollen keinen Systemwechsel, die wollen nicht die Demokratie austauschen. Aber sie werden wahrscheinlich, wenn es so weitergeht, die Eliten austauschen. Darauf läuft es am Ende hinaus."

(ehemalige Grünen-Spitzenpolitikerin Antje Hermenau, 2019)

8. STREITPOTENZIALE und NEUPOSITIONIERUNG

Das anhaltende Trommelfeuer rechter Propaganda wirkt sich zwangsläufig auf das Bewusstsein breiterer Teile der Bevölkerung aus. Zweifelsfrei gibt es eine Rechtsverschiebung der herrschenden Politik und eine Stärkung der Rechtspopulisten. Öffentliche Debatten werden vom Thema Asyl und Migration dominiert und es findet eine Ethnisierung sozialer Konflikte statt.

Die Bundesrepublik befindet sich im Wahljahr 2019 in einem Transformationsprozess, das System der Volksparteien scheint zu zerbröseln. Veränderungsimpulse werden vom Ausgang der Europawahlen im Mai und den Landtagswahlen im September und Oktober 2019 im Osten bestimmt. Die Kräfte innerhalb des Parteiensystems könnten sich massiv verschieben: Die gestärkte AfD könnte bei den Landtagswahlen in Sachsen, Thüringen und Brandenburg den beiden Volksparteien CDU und SPD, der gefestigteren FDP, den aufstrebenden Grünen und den Linken den Rang streitig machen. Um der AfD Paroli zu bieten, brauchten wir gute Politik, nicht schlechte Koalitionen; genau das sei die Herausforderung für CDU, CSU, SPD, Grüne, FDP und die Linke, ist Bundesparteichef Bernd Riexinger überzeugt.

Die politische Landschaft wird instabiler mit dem Zwang zu Mehrparteien-Koalitionen:

An eine Zeit der wechselnden Koalitionen mit drei und mehr Parteien müsste sich die politische Klasse erst noch anfreunden. Auch andere Formationen könnten nötig werden: „Dreier-oder Viererkombinationen, Minderheitsregierung, Tolerierungen“, so Bodo Ramelow, Thüringen, bundesweit einziger linker Ministerpräsident, der für Rot-Rot-Grün kämpft.
Die alten Zeiten der Stabilität und Kontinuität des etablierten Parteiensystems scheinen endgültig der Vergangenheit anzugehören, gesellschaftlich, politisch und historisch scheinen diese überholt zu sein.
Trotz eklatanter Wahlniederlagen der Volksparteien, Sozialdemokraten und Christdemokraten, ist der Glaube dieser an einer „siegreichen“ Regeneration unerschütterlich. Aber auch die „kleinen“ Parteien sehen sich zunehmend als Volkspartei, insbesondere die Neuen Rechten als „Partei des Volkes“.
In einem repräsentativ-demokratischen politischen System parlamentarischer oder präsidentieller Prägung müssen Volksparteien willens, bereit

und in der Lage sein, allein in der Mehrheit oder in Koalition mit anderen Parteien die Regierungsverantwortung zu übernehmen, das bedeutet konkret, Macht ausüben zu können: Parteien müssen auf Dauer koalitions- und kompromissfähig - allgemeinen Konsens herzustellen imstande sein, auf der Grundlage der Grundregeln parlamentarisch-repräsentativer Demokratie.

Die geistige, ideologische und wertemäßige Bindekraft ist das Spezifische einer Volkspartei, auf das sie bauen kann, wenn etwa 25 Prozent der Wähler zustimmen.

Das Ringen um Antworten auf kommende Herausforderungen hat die politische Parteienlandschaft in die „Startlöcher“ gebracht.

Schäuble ruft seine Partei auf, sich auf Sachfragen zu konzentrieren. "Wir sind nicht gewählt, um Personaldebatten zu führen. Das ist nur Selbstbefriedigung."

Jede Form der Selbstbeschädigung sei zu unterlassen, so Dietmar Bartsch, Linke-Fraktionschef. Zum internen Zwist der Linken mit Sahra Wagenknechts Bewegung „Aufstehen“, vertritt Bartsch der Meinung, dass die Grundidee von „Aufstehen“, eine parteiübergreifende Bewegung zu schaffen, begrüßenswert sei, da eine Klientel erschlossen werde, die die etablierten, klassischen Parteien nicht mehr erreichten. Es müsse befürchtet werden, dass eine rechte Fraktion im Europäischen

Parlament die stärkste werde. Es gebe so eine Bedrohung, einen Kulturkampf von rechts. Die politische Linke ist unbedingt gefordert als auch die Sozialdemokraten. Überzeugende Antworten müssen gefunden werden

Angela Merkels (CDU) Aussage aus dem Herbst 2015 „Wir schaffen das“ sei „leider pauschal bis heute nicht erfüllt. Ich warne davor, wieder in die damalige Blauäugigkeit zu verfallen“, so Wolfgang Steiger, Generalsekretär des CDU-Wirtschaftrats[27] Auf der Welle der Stimmungsmache fordert der Vorsitzende der Parlamentariergruppe „WerteUnion“, Alexander Mitsch, dass CDU- Mitglieder insbesondere eine Asylwende und klare Kante zum Migrationspakt erwarteten.

Der FDP-Vorsitzende Christian Lindner fordert zum Auftakt des traditionellen Dreikönigstreffens seiner Partei einen anderen Umgang mit Rechtspopulisten. Man mache die AfD nicht klein, indem man sich auf ihr Niveau begebe, Politik habe auch mit Stil zu tun. "Gewalt gehört nicht zu den Mitteln der Demokratie. Die AfD muss politisch bekämpft werden und nicht mit Sprengkörpern",

27 Der Unternehmer trage nicht nur Verantwortung für seine Mitarbeiter, Aufgabe des Selbständigen sei auch sein Einsatz für unsere freiheitliche Demokratie und Wertegemeinschaft, so Ludwig Erhard, der geistige Vater der Sozialen Marktwirtschaft,

Sachsens stellvertretender Ministerpräsident Martin Dulig.
Konflikte könnten nicht durch Unterdrückung gelöst werden, gewaltfreie Veränderungen setzten voraus, „dass wir die Fremden ‚entfeinden' und das Eigene entidealisieren". Denn in einer zunehmend globalisierten Welt sei ein universalistisches Denken geeigneter, um Antworten auf Herausforderungen zu finden, so Joachim Gauck [28]

„Die neue politische Mitte muss sich aus der Zangenbewegung der Extreme und der Populisten, hier definiert als diejenigen, die über Emotionalisierung das rationale Element der politischen Meinungsbildung, marginalisieren, behaupten. Während Populisten und Extremisten nur durch Polarisierung Wirkung erzielen, überwindet eine neue Politik der Mitte Frontstellungen, indem sie vernünftig begründete politische Projekte in ihre Agenda integriert, auch dann, wenn sie von ihren politischen Gegnern hervorgebracht werden" so

---

[28] Altbundespräsident Joachim Gauck als Gastprofessor, Heinrich-Heine-Universität in Düsseldorf: „Nachdenken über das Eigene und Fremde"

Julian Nida-Rümelin, Ludwig-Maximilians-Universität München[29]

Den Blick auf die kommenden Wahlen gerichtet (Europa, 4 Landtagswahlen) richten sich die Volksparteien neu aus, um sich als Parteien der Mitte wieder klar zu unterscheiden, eine klare Abgrenzung in der Koalition und Annäherung an die Ränder.

Die Sozialdemokraten beschließen ein neues Sozialstaatspapier, die Bringschuld liegt jetzt wieder beim Staat nicht beim Einzelnen, eine Abkehr von den eigenen Agenda-Reformen. Mit diesem Linksschwenk, dem „wichtigen Befreiungsschlag" (Juso-Chef Kevin Kühnert, 2019) eröffnen sich neue Möglichkeiten eines Mitte-Links-Bündnisses, zu Lasten der Linken?

Die Union diskutiert bei ihrem Werkstattgespräch über eine neue Haltung zu Migration, Sicherheit und Integration. Dem rechten Parteiflügel gefällt die „neue Härte“ (die Bringschuld z.B. liegt zuvorderst beim Flüchtling), im politischen Diskurs dürfte Flucht, Asyl und Abschiebungen weiter ein beherrschendes Thema bleiben, sich gar noch ver-

---

[29] Julian Nida-Rümelin, „Populismus und Volksparteien- ab in die Mitte“, in Tagesspiegel Causa, 12.09.2017

stärken. Hier liegen neue politische Gestaltungsräume sowohl für die Unionsparteien als auch für die Rechten, oder gemeinsam?

Menschen wollen sich gleichwertig und anerkannt fühlen.

Vor dem Gesetz sind Menschen in Demokratien gleich. In der Praxis zeigt sich jedoch, dass sich längst nicht alle Menschen gleichwertig fühlen, sie sehen sich machtlos oder wirtschaftlich benachteiligt. Das Verlangen nach Würde sei in der Natur des Menschen veranlagt, darin sehe er die Ursache und den Antrieb von politischem Handeln. [30]

---

[30] Fukuyama, Francis, Identität: Wie der Verlust der Würde unsere Demokratie gefährdet, Hoffman und Campe, Februar 2019

Problemlösungen, allerdings nicht ausreichend öffentlich diskutiert, produzieren beim Wähler eine zunehmende Politikverdrossenheit. Wenn keine wirkliche Gestaltungshoheit erkannt wird, zieht sich der Wähler zurück oder weicht aus auf populistische Protestplattformen. Es entsteht der Eindruck von "denen da oben", die am Volk vorbeiregieren und sich für die Interessen des "kleinen Mannes" nicht mehr kümmern. Mit dem Kontrollverlust über die deutschen Außengrenzen, verlor Merkel das Volk und die Zustimmung Europas. Die Politik kenne nur noch eigene Interessen, aber nicht mehr die ihrer Bürger, so die zunehmend wachsende Einschätzung. Es wird der Vorwurf erhoben, dass nur noch reagiert und akzeptiert wird, aber ein gestaltendes Agieren ausbleibt. Dies wird noch verstärkt durch den Abnickpolitikstil der Großen Koalition, der Machtlosigkeit der Opposition, deren Themen von der Regierungspolitik nebenbei besetzt werden.
„Für mich ist das Regierungsversagen, was ich in den letzten Tagen und Wochen von diesen Politikern gehört habe, nicht Staatsversagen“, Antje Hermenau zu dem turbulenten Schlagabtausch politischer Akteure hinsichtlich Peronaldebatten.

So entsteht auch das Gefühl „unterer Schichten" , dass sie infolge von mangelnden wirtschaftlichen und kognitiven Ressourcen zunehmend aus der politischen Partizipation herausfallen, auch ihre kollektiven Vertretungsorgane wie Gewerkschaften und Sozialverbände an Einfluss gegenüber den mächtigen Volksparteien verlieren.
Die Kluft zwischen Politik und Bevölkerung vergrößert sich, die Kritik am politischen Establishment nutzen Populisten mit einfachen Formeln und Erklärungen für sich und finden zunehmend Gehör.
Fundamente der Demokratie zu bewahren und zu schützen heißt aber, dass sich die Wähler im Parlament wiederfinden müssen.
Die Intransparenz staatlicher Entscheidungen wird zunehmend aufgrund der Macht supranationaler Organisationen, internationaler Politikregime und deregulierter Märkte größer. Mit der Globalisierung der Märkte und der informationstechnologischen Revolution wurden wirtschaftliche Entwicklungen und Reaktionen im rasanten Ausmaß beschleunigt, die staatliche Souveränität erscheint eingeschränkt.
Ein Abgesang der repräsentativen Demokratie kann zwar deswegen nicht abgeleitet werden, doch massive Proteste deuten eine ernsthafte Krise an: Die Verfügbarkeit von Macht und Geld mächtiger Interessenverbände und multinationaler

Unternehmen entscheidet über den Einfluss auf politische Entscheidungen, die die Lebenswirklichkeit der Bürger - ohne demokratisches Mandat- prägen. Das politische Gleichheitsprinzip wird verletzt.
Vor allem die Bürger im Osten des Landes verlieren zunehmend die Zuversicht in die Politik und verlieren immer mehr das Vertrauen in die Regierenden. Sie erkennen sich verschärfende Ungleichgewichte hinsichtlich der Bevorzugung der Interessen der Großkonzerne gegenüber dem Gemeinwohl. Legale Steuerschlupflöcher, in der Regel als Standortpolitik verkauft, senken die Steuerlast der global operierenden Unternehmer erheblich, so entgangene Steuergelder fehlen, um die Sozialsysteme auszubauen und die Steuerlast auf Arbeitseinkommen zu senken, empören sich die Bürger. Eine Studie zur Unzufriedenheit und EU Verdruss von Andrés Rodríguez-Pose von der London School of Economics, bekräftigt, dass insbesondere die deindustrialisierten Regionen- zu „Racheakten der Orte, die keinen kümmern" – für den Unmut über die Politik verantwortlich sind und sich beim Wahlverhalten offenbart. Gleichzeitig werde damit den Profiteuren des Systems ein Denkzettel verpasst.[31]

---

[31] Vgl. Andres Ross, „Orte der Rache", FAZ 25. Januar, 2019, S.8

Die Unzufriedenheit vieler Menschen in Ostdeutschland könne Kanzlerin Angela Merkel nachvollziehen, sie finde es nicht so verwunderlich, dass es in Ostdeutschland Frustrationen gebe. Sie tue sich aber schwer, zu sagen, das Land sei so gespalten wie nie zuvor. „Das Land war vielleicht nie so versöhnt, wie man dachte“, sagte sie der Wochenzeitung „Die Zeit“ (23.01.2019. Sie fände es allerdings nicht paradox, dass sich die Wut vieler Ostdeutscher an ihrer Person entzünde. Nach der Euro- und Finanzkrise habe sich dies durch die vielen Flüchtlinge, die nach Deutschland gekommen seien, noch einmal verstärkt. Angesichts der ostdeutschen Landtagswahlen, in Brandenburg und Sachsen am 1. September, in Thüringen am 27. Oktober 2019, wo erhebliche Erfolge der rechtspopulistischen AfD erwartet werden, weist sie auf die große politische Herausforderung hin.

Der Erfolg der CDU dort hängt auch davon ab, ob gerade konservativ gesinnte Bürger die Union wieder als Ganzes wahrnehmen können. Die CSU, als rechtes Korrektiv der weit in die Mitte und nach links gerutschten CDU, hat schon angekündigt, die Christdemokraten bei den Wahlkämpfen unterstützen zu wollen.

Die Ostdeutschen werden als Wähler und Zielgruppe im Blick auf die drei Landtagswahlen wiederentdeckt und charmiert: tiefe Befürchtun-

gen vor einer erstarkenden Konkurrenz durch die AfD sind die „Ossis“ jetzt weder Pedigisten, Pack oder gar Nazis sondern umworbene, begehrte Wähler.
Kompetenzverlust und Kontrollverlust des Staates als Folge neoliberaler Konzepte und einer Finanzpolitik der ‚Schwarzen Null‘ empören zunehmend viele Bürger. Der Bund habe seit Jahren schlicht versagt. In den letzten acht Jahren sei eine Personallücke von mehr als 200 000 Menschen im öffentlichen Dienst eingespart worden, klagt der Deutsche Beamtenbund. Den von der Bundesregierung im Koalitionsvertrag definierten „großen Herausforderungen Digitalisierung, Gesundheit, Klima und Energie Mobilität, Sicherheit, soziale Innovationen und die Zukunft der Arbeit“ werde das Personal fehlen (bis 2030 geschätzt 730 000 Mitarbeiter), so eine Einschätzung nach Mac Kinsey. Die „Public-Sector- Geschäfte“ kosten der öffentlichen Hand Milliarden. Kompetenzbereiche von Beratungsunternehmen übernommen, machen den Staat zunehmend vom Wissen anderer abhängig, ohne selbst Wissenszuwachs zu erwerben. Ist damit auch über die schleichende Abhängigkeit und Ausgeliefertsein, ein Machtzuwachs verbunden, eine „fünfte Gewalt“?

Der Politologe Markus Klimmer, ehemaliger Berater bei Mc Kinsey: „Das System ist pervertiert“ [32]

[32] Der Spiegel, Nr. 5 /28.1.2019 „Die Berater-Republik“, S.15ff

„…das Problem sitzt viel tiefer, denn der menschliche Geist ist durch die Evolution nicht für die reine Vernunft, sondern für die Drecksarbeit geformt. Es liegt in der Natur unseres moralischen und argumentativen Denkens, dass wir selbst glauben, recht zu haben und auf der guten Seite zu stehen, während wir meinen, dass die anderen irren und lügen, heucheln und hassen.“

(Leander Steinkopf) [33]

[33] FAS, Nr.3, S. 42, „Die anderen haben niemals recht“

10. GESAMTSICHT

Widerspruch zwischen Fragmentierung und Globalisierung sah schon Henry Kissinger hinsichtlich realen Drucks der Integration und Gegendrucks der kulturellen Selbstbehauptung und des kulturellen Bewusstseins.

Aktualität erlangt dieser gedankliche Ansatz unter anderem dadurch, dass die die massenhafte Ankunft von Flüchtlingen (sog. Flüchtlingskrise) und Befürchtung einer Islamisierung Ängste in Europa auslösten.

Die EU erscheint derzeit unfähig, sich auf eine einheitliche Asylreform zu verständigen und das Flüchtlingsproblem zu lösen:

Außenpolitisch uneins, halbherzig in der Entwicklungspolitik und Migrantenabwehr.

Die immer weiter aufklaffende Schere zwischen Arm und Reich verschärft das gegenseitige Misstrauen, die aufgestaute Wut der Menschen entlädt sich. Die politische Debattenkultur verroht zusehends und Hass in den Kommentaren der Social Media blüht.

Ursache für die Explosion gesellschaftlicher Angst wird von den Menschen dann gesehen, wenn reale Probleme durch Beschönigung und politische Korrektheit verdeckt werden, wenn keine Politik im Sinne der Mehrheit erlebt wird. Es sind vor allem die ökonomischen Verlierer, die aus ihrer sozialen Unsicherheit heraus Populisten wählen.

Matthias Horx, Zukunftsforscher im Dlf im Gespräch mit Karin Fischer, 01.01.2019, warnt vor der heutigen „Hypermedialisierung", Medien machten die Wirklichkeit und reflektierten sie nicht mehr, sie ringen im Internet ganz extrem alle um Aufmerksamkeit. Medien machten Angst, ein evolutionärer Impuls, der zwar wach mache, aber auch dumm.

Die Befriedigung allgemeiner Bedürfnisse wie Zugehörigkeit und Anerkennung und Reduktion von Unsicherheiten und Identitätskonflikten veranlasst Menschen, nach Halt in der Gemeinschaft zu suchen. Umfassende soziale Identität bieten Gruppen mit meist autoritärem Führungsstil und hierarchischer Rollenstruktur. Sie unterbreiten mit ihrer Ideologie einfache nachvollziehbare Deutungsmuster und individuelle Handlungsalternativen für ihre spezifischen Problemlagen an. Das Zugehörigkeitsgefühl in der Gemeinschaft kann für Menschen Probleme lösen, Sinn stiften und Anerkennung spenden.
Daten der neuen „Mitte-Studie" im Auftrag der SPD-nahen Friedrich-Ebert-Stiftung zeigen auf den ersten Blick eine zerrissene Gesellschaft, so

sind signifikante Abweichungen zwischen ost- und westdeutschen Befragten auffällig:
Vorurteile, Fremden- und Muslimfeindlichkeit waren im Osten wesentlich stärker ausgeprägt.
Der kulturelle Konflikt zwischen kosmopolitisch eingestellten Globalisierungsgewinnern und traditionell-nationalstaatlichorientierten Bevölkerungsgruppen- eher Globalisierungsverlierer- erklärt die Zunahme rechtspopulistischer Parteien, verstärkt durch Stadt-Land-Gegensatz, insbesondere im Osten Deutschlands.
Die Stabilität der Nationalstaaten wird dann gefährdet, wenn Konflikte zwischen Staaten oder Gruppen aus unterschiedlichen Kulturen ausgetragen werden, zwischen Multikulturalisten und Verteidigern der westlichen Kultur.
Die Zugehörigkeit zum westlichen Kulturkreis wird getragen vom Identitätsbewusstsein: Freiheit, Demokratie, Individualismus, Gleichheit vor dem Gesetz, Achtung von Verfassung und Privateigentum. „Das Verhältnis zwischen dem Eigenen und dem Fremden scheint mir daher eines der schwierigsten politischen Probleme der Gegenwart", Joachim Gauck, deutscher Ex-Bundespräsident, 2018
Ein Nationalstaat dürfe sich auch nicht überfordern. Wer sich vorstellte, quasi als imaginierter Vertreter eines Weltbürgertums alle Grenzen des Nationalstaates hinwegzunehmen, überforderte

nicht nur die materiellen, territorialen und sozialen Möglichkeiten eines jeden Staates, sondern auch die psychischen Möglichkeiten seiner Bürger. Sogar der weltoffene Mensch geriete emotional und intellektuell an seine Grenzen, wenn sich Entwicklungen vor allem kultureller Art zu schnell und zu umfassend vollzögen.

Die etablierte Politik befindet sich gleichsam im populistischen Zangengriff von links und rechts. Deswegen passen sich Parteien rational an eine Wählerschaft an („Mainstream-Populismus"), die immer weniger aufgrund langfristiger Parteiüberzeugungen, sondern aufgrund situativer Interessenlagen entscheidet und sich nicht über Parteiorgane, sondern über die Medien informiert. Der "Mainstream-Populismus" ähnelt den rechts- oder linkspopulistischen Parteien weniger in den politischen Inhalten als im Stil.

In der politischen Mitte, links und rechts gibt es „Populismen". Wenn das System der parlamentarischen Parteien politische Bedürfnisse nicht hinreichend abbilden, entstehen Repräsentationslücken. Diese können dann besetzt werden beispielsweise für rechte Mobilisierung, die Erfahrungen von Entfremdung, Angst und Ausgeschlossenheit ausnutzt und echte oder vermeintliche Bedürfnisse artikuliert und ideologisiert.

Während Rechte eher auf eine führ- und lenkbare Masse zielen, die ihr Unwohlsein auf „Fremde“ und die „Elite“ projiziert, bauen Linke eher auf Emanzipation und Selbstermächtigung der Individuen.

Sich mit den Ursachen des Erfolgs populistischer Politiker auseinanderzusetzen, wäre ein wesentlicher Schritt der „Mitte“, der etablierten Volksparteien: Stimmungen zu erfassen, die von vielen Menschen gleichermaßen geteilt werden und ehrliche Antworten gegen Verunsicherung und Angst - auch „unpopuläre“- überzeugend zu kommunizieren.

Zwei Welten scheinen sich als wachsende Kluft in der Mehrheitsgesellschaft gegenüberzustehen: oben und unten, wohlhabend und bedürftig, selbstzufrieden und unglücklich, kosmopolitisch und bodenständig, mobil und sesshaft, draußen und drinnen.
Über die Notwendigkeit der Integration von Migranten hinaus steht daher die emotional aufgeladene Herausforderung, Menschen in der eigenen Gesellschaft zu integrieren und Befürchtungen und Ängste des Abbaus bzw. Einschränkungen des Sozialstaates zu begegnen. Ein stabiler Ausgleich allein kann eine Gesellschaft zusammenhalten, sowohl Verlangen nach Freiheit und Selbstverwirklichung als auch nach Anerkennung, Zu-

gehörigkeit und Ordnung: Eine Politik der sozialen Sicherheit, der Verlässlichkeit.

„Wer eine Mehrheit hat, hat noch längst nicht alle hinter sich. Und man darf nicht glauben, mit einer knappen Mehrheit habe man das Recht, einhundert Prozent seiner Vorstellungen durchzusetzen. Man übernimmt Verantwortung für alle. Man weiß deshalb nicht automatisch alles besser. „The winner takes it all" ist kein gutes Prinzip für eine Gesellschaft."[34]

---

[34] Ana-Cristina Grohnert, Diversity-Initiative „Charta der Vielfalt", 2018

11. FAZIT

Die breite Mittelschicht in allen westlichen Demokratien mit globalisierter Marktwirtschaft erodiert: Das hat Folgen für den gesellschaftlichen Zusammenhalt.

Die „Mitte“ wendet sich daher zunehmend von etablierten Parteien ab, die nicht mehr ihre Interessen vertreten und wendet sich alternativen, „populistischen“ Parteien zu.

Als Reaktion darauf entsolidarisieren sich gesellschaftliche Eliten ihrerseits, denn

die Herausforderungen, denen erodierende Mittelschichten gegenüberstehen, stoßen bei diesen Eliten auf Unverständnis in Unkenntnis des Lebensumfelds der „Abgehängten“, der Globalisierungsverlierer.

Ethnische und soziale Polarisierung werden daher weiter zunehmen, auch wenn Folgen aufgrund des stetigen Wirtschaftswachstums derzeit noch abgefedert werden. Sobald aber dieses wegfällt, werden Konflikte zunehmen und entlang ethnisch-sozialer Bruchlinien eskalieren mit kaum einschätzbaren Konsequenzen.

Den Forderungen und Ansprüchen einer schwindenden, sich neu orientierenden Mitte werden die Etablierten zunehmend nachgeben und Macht an sie abgeben müssen. Populistische Bewegungen könnten sich den von den Eliten ignorierten oder

in Kauf genommenen realen Herausforderungen annehmen trotz fehlender problemlösender Konzepte und Mehrheiten.
Nicht zu unterschätzende Verwerfungen mit zunehmend totalitären Tendenzen und autoritären Ansprüchen wären denkbar und könnten westliche demokratische Gesellschaften politisch verändern: Mehr Nationalismus- weniger Kosmopolitismus, eher geschlossen denn offen.

Die Sorgen der Bürger ernst zu nehmen, statt sie zu beschimpfen ist angesichts der epochalen Umbrüche der Globalisierung, Automatisierung, des Klimawandel und der Migration vordringliche Aufgabe einer demokratischen Politik, die die gesellschaftliche Mitte festigen muss. Verunsicherungen im Blick auf Jobsicherheit, soziale Absicherung und staatlicher Daseinsvorsorge auf dem Land auffangen und den Bürgern ein Stück Kontrolle über ihr Leben und das ihrer Gemeinschaft zurückgeben, muss eine „neue Mitte“ zu leisten imstande sein. Begrenzung und Steuerung von Migration, konsequente Durchsetzung von Rechtsstaatlichkeit und Kriminalitätsbekämpfung zielen auf Verteidigung der offenen und solidarischen Gesellschaft, in der alle Bürger egal welcher Herkunft oder Orientierung dieselben Lebenschancen haben.

Nicht durch kurzsichtige Empörung, sondern durch in sich ruhende Besonnenheit, die Herausforderungen zu meistern und Resignation zu überwinden, liegt die Chance, Volksparteien von Getriebenen wieder zu Gestaltern der politischen Mitte werden zu lassen.

Politisches Vertrauen wiederherzustellen, bedeutet die Sorgen um und für das Volk transparent zu machen und politische und soziale Maßnahmen Erfolg versprechend zu organisieren: Einen stabilen und versöhnlichen Ausgleich zwischen offener und geschlossener Gesellschaft, Abkehr von sozialen Verwerfungen durch Polarisierung hin zum Zusammenhalt des Gemeinwesens, zur breiten Mitte- der Mehrheit der Bevölkerung als Fundament der liberalen Demokratie.

Als unumgänglicher Baustein einer neuen Politik der Mitte hat eine Sozialstaatsorientierung zentrale Bedeutung für die Zukunftsfähigkeit. Nur staatlich organisierte und auch kontrollierte Anspruchsrechte können soziale Gerechtigkeit sicherstellen und damit Demokratie schützen und stärken.

Für eine offene und demokratische Gesellschaft einzutreten, ist eine enorm schwierige Aufgabe. Einerseits muss Kritik am Status quo geübt werden, ohne andererseits „das System“ zu desavouieren. Verantwortliche politische Akteure, „Links-Mitte-Rechts“, müssen für Reformen und Veränderungen kämpfen,

um die Grundwerte der politischen Ordnung verteidigen zu können, den politischen Wettbewerb auf internationaler Ebene zu ermöglichen und europäische und internationale Institutionen mit regulatorischer Kraft auch zur Verhinderung von neoliberalen Auswüchsen auszustatten

Bestandteile jeder freien Gesellschaft definieren sich im Prinzip der offenen Gesellschaft, der Bereitschaft zu internationalen Bindungen und Verflechtungen, in der Durchsetzung der Bürgerrechte für alle und dem wirtschaftlichen Wohlstand. Es sei leichtfertig diese Elemente der Demokratie zu gefährden, denn „ ... die großen Wandlungen sind ja meist stille Wandlungen gewesen, die sich allmählich und oft fast unsichtbar vollzogen haben“, so Ralf Dahrendorf. Die „Konsens-Demokratie“ sei zwar vielfältig unbefriedigend, aber für viele Menschen eine Garantie ihrer Lebenschancen.

„Aus verfassungstheoretischer Sicht muss sie (Gesellschaft) jene radikalen Ideen aushalten, die sich in einem demokratischen Rahmen bewegen, egal von welcher Seite sie kommen. Das Ringen um politische Hegemonie ist ein Grundprinzip der Demokratie, es ist richtig und gut und darf keinesfalls in Frage gestellt werden. Deshalb müssen wir auch die AfD (zunächst) aushalten."

Lilli Kannegießer[35]

[35] Peace Research Institut Frankfurt/Leibniz-Institut Hessische Stiftung Friedens-und Konfliktforschung (PRIF), 2018

ANHANG1

US-Botschafter Richard Grenell kritisiert unverhohlen den europäischen Mechanismus (das europäische Finanzkonstrukt Instex) zum Schutz europäischer Unternehmen vor den Iran-Sanktionen der USA als «Missachtung» der US-Politik: sogenannte «Trump-Doktrin», nach dem Prinzip «Zuckerbrot und Peitsche». Deutschen Unternehmen, die an der geplanten Ostseepipeline Nord Stream 2 beteiligt sind, drohte er offen mit Sanktionen. So wolle er auch „unbedingt andere Konservative in ganz Europa stärken"; dies löste Irritationen und Empörung aus, ein eklatanter Verstoß gegen die diplomatischen Etikette.

„Triumph des Illiberalismus", so eine von fünf Szenarien für das Jahr 2025 im Bericht einer jungen Expertengruppe aus den Visegrad-Ländern.[36] Die politischen und ideologischen Strömung „Illiberalismus" beschreibt eine flexible Mischung aus traditionellem Nationalismus, brutaler Machtpolitik und radikalem Populismus, Ablehnung liberal-demokratischer und rechtsstaatlicher Prinzipien, Skepsis gegenüber europäischen Institutio-

---

[36] Jörg Forbrig, Wojciech Przybylski, Der Zerfall beginnt im Osten Europas - ZEIT ONLINE - 8. Februar 2019

nen und offener Anlehnung an autokratische Großmächte wie Russland und China.

Demokratische Kontrollinstanzen zur Begrenzung innerer Machtausübung werden schrittweise demontiert: Rechtssysteme, Medien, politische Opposition oder Zivilgesellschaft.

Absolute Souveränität , striktes Ablehnen jegliche Kritik und Einflussnahme seitens europäischer Institutionen hinsichtlich Außenbeziehung. Die europäische Integration reduziere sich zu loserem Verbund von Nationalstaaten, bis hin zu einem Europa der Freihandelszone nominaler Demokratien.

Mitteleuropa entferne sich, so die Sczenarien, sicherheits- wie innenpolitisch immer weiter weg von seinen westeuropäischen Nachbarn. Innen-, wirtschafts-, gesellschafts-, europa- und sicherheitspolitischen Dynamiken des Nationalismus gefährdeten Demokratie und Rechtsstaat.

ANHANG2

Illusionen der Rechten : das Best of rechter Lebenslügen:
„Top 60"

Harte Arbeit wird belohnt. Justizia ist blind. Klimawandel findet nicht statt. Und wenn doch, ist er nicht menschengemacht. Donald Trump ist einer von uns. Nicht Waffen töten, sondern Menschen. Das war schon immer so. Wenn du Frieden willst, plane den Krieg. There is no alternative. Auge um Auge, Zahn um Zahn. Imperialismus ist Geschichte. Der Mensch ist dem Menschen ein Wolf. Wer Arbeit sucht, findet sie. Deutschland ist kein Einwanderungsland. Atomkraft ist sicher. 1000 Jahre sind ein Vogelschiss. Mädchen spielen mit Puppen. Unternehmen sind Menschen. Wahlkampfspenden sind gerecht. Der Irak hat Atomwaffen. Das muss so sein. Der Islam gehört nicht zu Deutschland. Die Medien lügen. Der Markt wird es richten. Die Bürde des weißen Mannes. There is no such thing as society. Der Wohlstand trickled down. Der Feind meines Feindes ist mein Freund. Gott ist mit uns. Die Menschen sind eben verschieden. Unternehmer tragen Verantwortung. Dein Bauch gehört mir. Das wird man ja wohl noch sagen dürfen. Das ist eine Frage der Mentalität. Diese Lohnforderungen sind verantwortungslos. Der deutsche Michel muss es bezahlen. Wir sind die Melkkuh der Nation. Unsere Daten sind sicher.

Der Apfel fällt nicht weit vom Stamm. Wir brauchen eine Elite. Gerecht ist, was Arbeit schafft. Obama stammt aus Kenia. Die Ausländer nehmen uns die Arbeitsplätze weg. Vorsprung durch Technik. Das Gleichgewicht des Schreckens. Die Renten sind sicher. Wir brauchen eine geistig-moralische Wende. Ketchup ist auch Gemüse. Alle Wege führen nach Moskau. Lieber tot als rot. Wenn es der Wirtschaft gut geht, geht es allen gut. Die schweigende Mehrheit ist konservativ. Regierungen schaffen keinen Reichtum. Freiheit statt Sozialismus. Kinder statt Inder. Wir schaffen das. Blühende Landschaften. Wir sind das Volk. Es gab keine Hetzjagd.[37]

---

37 Quelle: IPG 2018, https://www.ipg-journal.de/schwerpunkt-des-monats/illusionen/artikel/detail/illusionen-der-rechten-3158/

12. QUELLEN

Collier, Paul, „Die Menschen streiten über die falschen Dinge!" vgl. https://www.ipg-journal.de/rubriken/europaeische-integration/artikel/die-menschen-streiten-ueber-die-falschen-dinge-2898/, 08/2018

Decker/ Brähler (Hg.): Leipziger Autoritarismus-Studie 2018

Dustdar, Farah, Demokratie und die Macht der Gefühle, in: Aus Politik und Zeitgeschichte (APuZ 44-45/2008): Hirnforschung

Fukuyama, Francis, Identität: Wie der Verlust der Würde unsere Demokratie gefährdet, Hoffman und Campe, Februar 2019

Goodhart, David, "The Road to Somewhere: The Populist Revolt and the Future of Politics" (English Edition) Kindle Edition, 2017

Koopmans, Ruud „Assimilation oder Multikulturalismus?" Bedingungen gelungener Integration, Lit Verlag, 2017

Lochocki, Timo, Gastbeitrag in Zeit Online, 9. Oktober 2018, "Die Vertrauensformel So gewinnt unsere Demokratie ihre Wähler zurück“ Herder Verlag, 2018

Nachtwey, Oliver „Die Abstiegsgesellschaft: Über das Aufbegehren in der regressiven Moderne“, edition suhrkamp, 2016

Nida-Rümelin Julian, Nathalie Weidenfeld „Digitaler Humanismus, Eine Ethik für das Zeitalter der Künstlichen Intelligenz“, Piper Verlag, München 2018

Rosling, Hans, „Factfulness: Wie wir lernen, die Welt so zu sehen, wie sie wirklich ist“, Ullstein eBooks, April 2018

Schaeffer, Ute, Fake statt Fakt: Wie Populisten, Bots und Trolle unsere Demokratie angreifen, Mai 2018, dtv premium

Schreyer, Paul, Warum der "Kampf gegen rechts" die Gesellschaft weiter spaltet in:
Onlinemagazin für Politik & Medien im digitalen Zeitalter | Telepolis, 10. Oktober 2018

Schreyer, Paul, Die Angst der Eliten: Wer fürchtet die Demokratie? Westend Verlag, April 2018

Strunz, Claus, Geht's noch, Deutschland? Die schlimmsten Fehler, die unser Land lähmen - und 20 Ideen, wie es wieder besser wird, Plassen Verlag 2018

Zick, Andreas/ Beate Küpper / Daniela Krause, Gespaltene Mitte – Feindselige Zustände: Rechtextreme Einstellungen in Deutschland, 2016

Zürn, Michael, Autoritärer Populismus vs. offene Gesellschaft, eine neue Konfliktlinie? böll.brief, 10/2018, Heinrich-Böll-Stiftung